ひとり時間が、いちばん心地いい

枡野俊明

PHP文庫

○本表紙図柄＝ロゼッタ・ストーン（大英博物館蔵）
○本表紙デザイン＋紋章＝上田晃郷

まえがき

「孤独」という言葉を辞書で引くと、そこには「一人ぼっちであること」と記されています。物理的に一人の状態であっても、周りにはたくさんの人がいたとしても、心が「一人ぼっち」の状態でいることを孤独という言葉は表しています。

この「一人ぼっち」の状況を恐れる人がいます。一人ぼっち、孤独であることは寂しくマイナスであること。そう決めつけている人が多いのではないでしょうか。

人はこの世に生まれる時も一人です。そして旅立っていく時も一人です。一人きりで生まれ、そして一人きりで旅立っていく。いくら大切な家族とはいえ、それを共にすることはできません。大親友といっても、生死を共にすることはできないのです。

つまり、人間とは本来「一人」であることが自然なことなのです。孤独とは善《よ》し悪《あ》しの問題などではなく、人間にとって至極《しごく》当たり前のことなのです。まずはこの原点を見つめ直すことです。一人であることは、人として当たり前のことであることを思い起こしてください。

しかし人は、けっして一人では生きてはいけません。たくさんの人たちに囲まれ、たくさんの人たちの力を借りながら生きているのです。そして自らも周りの人たちの役に立ちながら生きている。人と人との「間」で私たちは生かせていただいているから「人間」なのです。

私たちは社会の中で生きています。その社会にはたくさんのつながりが生まれてきます。最初に生まれるつながりは両親でしょう。それから兄弟姉妹や友達といったつながりがどんどん増えていきます。

大人になればそのつながりは一気に広がりを見せます。仕事や趣味を通してたくさんの関係が生まれてくる。そこには自分自身が望む関係もあれば、望まない関係もあることでしょう。

いずれにしても社会の中でどんどん関係性は増えていき、いつしか私たちは自分が本来「孤独」であることを忘れてしまうのです。

常に誰かとつながっていることが当たり前。そんな感覚に陥《おちい》ってしまうことで、一人でいることが不自然に思えてきます。不自然と言うよりも、一人でいることに恐怖を感じるようにさえなってくるのです。その誤った不自然さと、一人でいることの恐怖感が押し寄せてくるようになります。孤独でいることは寂しいことなんだ、と。

そんな思い込みが強くなることで、人は無意識のうちに誰かとのつながりを求め始めます。たとえ一瞬でも一人でいることを避けるため、ＳＮＳなどで表面的なつながりを追いかけるようになります。

幻のような「つながり」を求め、その幻に執着していくことになるのです。それは幸せなことではないと私は思っています。

私は禅僧です。禅僧というのは、常に孤独の中に身を置きながら修行をしています。共に修行に励む同志がいたとしても、坐禅を組んでいる時には一人きりです。そこには誰との関わりもなく、ただ自分自身とお釈迦《しゃか》様の存在（この世の真理）を感じるだけです。そしてその「孤独」の中から、禅僧たちは多くのことを感じ取り、そして学び、身につけていくのです。

「一人きりの時間をもってください」。私はいつもそう言います。なぜならば、孤独と向き合うことなく、私たちは本来の自己（自分）に出会うことはできないからです。

仏教で言うところの生きる意味とは、最終的には「本来の自己」に出会うこと。自分の存在とこの世の真理を見極めることにあります。

それができないということは、すなわち自分自身を見失っていることにつながります。自分自身をしっかりと見つめ、自分自身の人生を生きること。それこそが人間に与えられた使命でもあり喜びでもあるのです。

孤独を怖がり、一人であることを否定することは、結局は自分自身の人生を否定することになっていくのです。

今、「孤独感」に襲われている人もいるでしょう。一人きりという寂しさに押しつぶされそうになっている人もいるでしょう。そんな人たちのために本書をしたためました。

人生の中で孤独というものをどのように捉えていけばよいのか。自分自身の日常の中で、いかにして孤独と向き合っていけばよいのか。私なりの考え方をお伝えしたいと思っています。

「人間にとって孤独とは当たり前で自然なこと」。この言葉を胸にしながら読み進めてくだされば幸いです。

ひとり時間が、いちばん心地いい　目次

第1章　孤独って何ですか？

第2章 家族との間で感じる孤独

第3章 大事な人と一緒にいると生じる孤独感

第4章 仕事と人間関係の悩み

第5章 孤独との付き合い方

第1章

孤独って何ですか？

孤独と孤立は違う

「孤独死」という言葉がメディアに登場するようになりました。文字を見るだけで心が寒くなるような言葉です。

私たち人間は、旅立つ時には誰もが孤独です。一人で生まれて一人で死んでいく。そんなことは百も承知していますが、それでも孤独の中で死んでいくことへの恐怖感は拭《ぬぐ》うことはできないものです。

旅立つ時には、誰しもが誰かそばにいてほしいと願うものです。その瞬間にたとえ一人だったとしても、すぐに自分の旅立ちに気づいてもらいたいと願うものです。誰にも看取《みと》られることなく、誰にも気づかれないままに、幾日も亡《なき》骸《がら》がそのままということも耳にするようになりました。そこには心が締め付けられるような恐ろしさがあるでしょう。

一昔前の日本では、このような「孤独死」は少なかったように思います。三世代が同居する大家族が一般的だったからでしょう。その暮らしの中には孤独を感じることなどありませんでした。家族がいなかったとしても、一歩外に出れば、そこにはご近所の人たちや親戚がたくさんいました。そんな社会の中で孤独を感じることもなかったでしょう。

ところが現代では、三世代で同居することもなくなり、それぞれの家族が独立して暮らすようになりました。四人家族であっても、子供たちが独立すれば夫婦二人だけになります。連れ合いのどちらかが先立ち、夫婦もいずれは一人きりになります。さらに言えば、今や生涯未婚率は五人に一人と言われています。やがては自分も「孤独死」ということになるのだろうか。そう考えるだけで、言い知れぬ不安感に襲われる人も多いでしょう。

では、どうすればいいのでしょうか。大切なことは、社会から孤立しないように心がけることです。

「孤独」と「孤立」とは別のことです。「孤独死」という言い方も、本来ならば「孤立死」と言うべきなのです。人として怖いのは孤独になることではなく、社会から孤立することなのです。では、孤立しないためにはどうすればいいのでしょう。常に誰かとのつながりをつくっておくことです。このように書くと、何となく大変な努力が必要な気がします。

人とのつながりをもち、社会から孤立しない簡単な方法があります。それは挨拶《あいさつ》を心がけることです。たとえば同じマンションに住む人と会った時に、「おはようございます」「こんにちは」と笑顔で挨拶をすることです。その人がどんな人なのか。マンションのどの部屋に住んでいるのか。そんなことは関係ありません。親しくなろうとか、友達になろうとか、そんなことも考える必要はありません。ただ笑顔で挨拶を心がけることです。

「おはようございます」と笑顔で挨拶をされて、嫌な感情を抱く人はいません。よく知らない人だとしても、ついその笑顔につられてしまう。何となく良い一日が始まるような気がすることでしょう。ほんの一瞬ですけれど、そこには人との温かなつながりが生まれます。そうした挨拶を心がけていれば、だんだんとお互いに顔を覚えるようになっていきます。

地域社会や職場などで、孤立している人がいるものです。そういう人に共通しているのは、挨拶をないがしろにしていることではないでしょうか。挨拶がない、目と目を合わさなければ、どんどんその人の存在感は薄くなっていきます。誰の記憶や心にも留まらないようになっていく。これが孤立なのです。

昔のように、挨拶などしなくても、無愛想《ぶあいそう》に振る舞っていても、誰かが見守ってくれるような時代ではありません。自らがつながりをつくっていく努力をしなければ、知らぬ間に一人ぼっちで孤立している状態に陥ってしまうのです。

孤独は人間にとっては自然なことです。しかし、孤立はけっして自然な姿ではありません。孤立することはすなわち、社会から放り出されること。それは人間にとってもっとも怖いことです。そうならないためにも、挨拶を大事にすることです。

二種類の「考える」

私たちは日々の暮らしの中で、さまざまなことを考えながら生きています。朝起きてから夜眠るまで、休むことなく何かを考えていることでしょう。

今日の仕事をどうこなせばいいか。いま抱えている問題をどのようにして解決していけばいいのか。あるいは主婦の人ならば、今晩の夕食に何をつくろうか。子供たちの学校の行事をどうしようか。考えることが多すぎて、あっという間に一日が過ぎていきます。

それは生活を営んでいくうえでとても大事なことです。しかし、少しだけ立ち止まって自らの日常生活を見直してみることも必要だと思います。日々の忙しさに忙殺《ぼうさつ》され、本当に考えなければならないことから目を逸《そ》らしていないか。何かを考えているようで、実は何も深く考えていない。自分自身の生き方を省《かえり》みる余裕もない。そういう状態に陥っている人が現代では多いような気がするのです。

考えるという行為には二種類あります。

一つは何らかの解決策や答えを見つけるために考えること。

そしてもう一つは、そこに明確な答えなどないのかもしれませんが、人間として考えなくてはいけないことです。

たとえば、目の前にある仕事をどのように進めていけばいいか。どうすればこの仕事を完結させることができるか。この問いには答えがあります。その答えを導き出すために、共に仕事をしている仲間たちと一緒になって考える。お互いの知恵を出し合って一つの答えを導き出していく、というものです。

受験勉強などを経験してきた人たちは、こうした思考が得意です。一つの答えに辿りつくために考えるという訓練をされたからです。

ところが、答えのない問いに向き合うことには慣れていません。一生懸命に考えてみても、なかなか答えに辿りつくことができないのです。それどころか、そこには明確な答えなどないということであれば、答えがないのにもかかわらず、どうして考えなくてはいけないのか。それこそ無駄な努力ではないか。もしかしたら、そう思う人も多いかもしれません。

禅の修行では、固定した答えのない問いかけを考え続けます。いわゆる禅問答というものです。

「狗子《くし》に還《かえ》って仏性《ぶっしょう》有《あ》りや無《な》しや」（犬にも仏性はあるでしょうか）という有名な公案《こうあん》があります。要するに「犬にも人間と同様に、一点の曇《くも》りもない純粋な心があるかどうか」を問うているわけです。

犬だって生まれたままの純粋な人間と同じような心がある。いや、犬畜生に人間と同じような心があるはずはない。みんながそれぞれの考え方を述べます。しかし、そこには固定された答えなどありません。

では、どうして禅では答えのない問いかけをあえてするのでしょうか。それは、深く考えるという行為の大事さを伝えるためなのです。

その公案の伝えんとする真意を汲《く》み取り、自らの生き方に生かしていくということでしょう。このように、生きていく中には、固定された答えのあるものとないものがあるということです。

いくら考え尽くしても、これだという答えが見つからないこともあるものです。それでも考え尽くして自らの答えを探すことの大事さに気づくこと、それが人生であることを教えているのです。

日々の忙しさの中で、ふと考えることがありませんか。「自分の生き方はこれでいいのだろうか」「自分はどこを目指して歩んでいるのだろうか」「これまで歩んできた道のりは、はたして良かったのだろうか」と。

答えなどないことを分かっていても、自身の人生や行く末について考えてしまうことがあります。それが人間というものです。

これまでの来《こ》し方に思いを馳《は》せながら、これから先の生き方を自問自答する。それはとても大切な時間であるのです。

そこには明確な答えなどありません。誰かがその答えを出してくれることもありません。しかし、その自問自答を止めてしまった時、私たちは人生の迷子になってしまうことになります。

自分が何者かが分からなくなってしまうということです。ただただ日々の忙しさに流されるだけ。自分で考えることを止めて、世間や周りの人の考えに追随するだけ。それは自分の人生ではなく、誰かの人生をなぞっているだけ、ということになるのではないでしょうか。

自分と向き合い、自身の人生を考える。これは孤独の中でしかできないことです。誰かと話し合ってできることではありません。人の輪を外れて、一人きりになって初めて、私たちは自分と向き合うことができるのです。

現代はそんな孤独の時間を邪魔するものが多すぎます。せっかく一人きりになれた時間であるにもかかわらず、スマホの画面を見る。ＳＮＳの返事を書くことに神経を使う。孤独を邪魔するものが多すぎるということは、すなわち深く考えるという行為を邪魔されているのと同じです。人間が為《な》すべき二つの「考える」という行為。その一つが奪われているのです。

人の目を気にし過ぎ

一人になることが怖いと言う人がいます。常に誰かと一緒にいなければ不安になってくる。一緒にいる相手は誰でも構わないから、とにかく一人きりになりたくないという人たちです。

まあ、このような気持ちは分からないわけでもありませんが、それはとても幼い感覚ではないでしょうか。小学生や中学生の時には、たくさんの友達と一緒にいることが当たり前のように感じていたものです。毎日の通学も必ず一緒。給食を食べる時も一緒、休み時間にトイレに行くのも一緒。一人だけで行動することが少ない時期です。

しかし大人になるにつれて、誰かと一緒にいる時間が少なくなり、反対に一人で過ごす時間が増えてきます。本来はそれが普通なのです。ところが大人になってからも、まるで中学生のように、いつも誰かと一緒にいたいと思っている人がいます。その感覚の裏側には、幼さとともに他人の目が気になるというものが潜《ひそ》んでいるのだと思います。

たとえば職場でのお昼ごはん。常に同僚と一緒に食べなければと思っている人たちです。今日は誰をランチに誘おうか。一緒にランチに行く人が見つからなかったらどうしよう。そんなことを午前中から考えている人がいます。もちろん気心の知れた仲間と一緒にお昼ごはんを食べることは楽しいことですし、気分転換にもなるでしょう。

しかし、必ずそうしなければならないというわけではありません。お昼ごはんは一人で食べてはいけないわけでもありません。それにもかかわらず、一人きりでランチをすることを必要以上に恐れる。社員食堂で、一人きりで昼食をとっていると、周りの人からはどう見えるだろうか。

「あの人は一人で昼食を食べている。一緒に食べる友達がいないのだろうか。周りから浮いているのだろうか」と思われることが怖いのです。

周りがそう思うのであれば、そう思わせておけばいいのです。別に誰かに迷惑をかけているわけではありません。

ランチは誰かと一緒に食べなくてはいけないという決まりがあるわけではありません。

一人で食べようが二人で食べようが、そんなことはどうでもいいことなのですが、これまで学校生活で常に誰かと一緒だった習慣が長いと、慣れなくてすぐには抵抗があるかもしれません。

今一つのどうでもいい悩みは、仲間外れにされることを怖がるという気持ちです。これもまた、何とも幼い感覚です。

あまり気分が乗らない飲み会に誘われることもあるでしょう。今日は行きませんときっぱりと断ることができればいいのですが、その断る勇気がもてない人もいます。もし断ってしまったら、もう二度と誘ってもらえないかもしれない。前回は何とか断ったけれど、二度も続けて断るわけにはいかない。そうして無理をして飲み会に参加したりすることになるのです。

一度断ったら、二度と誘ってくれなくなる。もしもそうであれば、それだけの人間関係だったということです。心からあなたと一緒に飲みたいと思っているわけではありません。

それくらいの関係なのであれば、もう二度と誘ってもらえなくてもいいじゃないですか。それくらいの薄い関係なら、いずれはその関係はなくなっていきます。いずれ消えるような関係にしがみついたり、気を使ったりする必要はないと思います。これもまたどうでもいいような悩みなのです。

仲間外れになることと孤独であることは、まったく別のことです。

仲間外れになるというのは、ある一つの集団から離脱するようなものだと考えてください。それは同じ目的をもった集団、同じ趣味や嗜好《しこう》をもった集団で一時はその仲間に入っていたとしても、自分の目標が変わったり、あるいは新たな趣味が見つかったりした時には、自然とその仲間から外れていくことになるでしょう。そしてまた新しい仲間たちと出会うことになります。人間関係とはその繰り返しなのです。

一つの仲間から外れたら、それは新しい人間関係をつくるチャンスだと思うことです。そして、何よりも堂々と一人でいること。堂々と一人を楽しむこと。堂々と一人で、しかも美味《おい》しそうにランチをしている人を、きっと周りは格好いいと思うでしょう。

世間と自分を比べない

人間とは所詮《しょせん》は孤独な存在です。しかし、一人で生きていくことはできません。他の人たちとの関係があればこそ、生きていくことができるというものです。

「自分は一人でも生きていける。誰とも関わりたくはない」。たとえそう思っていたとしても、すべての関わりを拒否することなどできません。誰かと関わりながら生きていれば、そこに比較というものが生まれてきます。

「他人と自分をむやみに比べない」。禅で「すべての存在は絶対である」と、そう教えています。他人は他人、自分は自分。そういう思いで生きることこそが、さまざまな悩みから解放してくれます。不要な比較は苦しみを生み出すだけです。

他人と自分を比べても仕方がないということは誰しも承知のことではありま

す。しかし、心の中では分かっているのですが、つい私たちは比べようとするものです。まったく誰とも比べることをしない。それはとても難しいことだと思います。どんなに修行を積《つ》んだ僧侶でさえも、つい他の僧侶と自分を比較してしまうこともあるものです。そこまで人間は強くないのかもしれません。

他人と比べるという心から逃《のが》れられないのだとしたら、その比べ方に気をつけることです。誰かと比べて「いいなあ」とその人をうらやむ気持ち。それは誰にでもあることです。誰かをうらやんだり妬《ねた》んだりする。この感情をいっさいなくすことはできないでしょう。

実は「うらやむ」という心と「妬む」という心には違いがあると私は思っています。「うらやましく思う」という気持ちには、プラスの心があります。

たとえば「あの人は仕事で評価されてうらやましいな」と思った時、「よし、自分も評価されるように頑張ろう」という気持ちになることでしょう。これが「うらやむ」という感情です。

一方で、妬む気持ちにはプラスの作用がありません。「あの人は自分より評価されている。悔しいな。大きな失敗でもして評価が下がればいいのに」。このように自分が努力をするのではなく、その人を引きずりおろそうとする気持ちになるのが「妬み」なのです。これは何も生み出すこともなく、自分自身を成長させることもありません。

誰かと比較するのは仕方がないことです。しかし、ただ比較して妬んでいるだけでなく、その比較を通して自分自身を成長させていくこと。それができれば、他人と自分を比べることもまた、人生においてはプラスに働くのだと思います。

さて、ここで今一つ考えておかなければいけないことがあります。つい誰かと比べてしまうこと。それは逃れることのできない気持ちですが、その感情を上手に使えば自分自身を高めることもできます。ところが、まったく自分を高めることのできない比較があります。それは「世間の情報と自分を比較する」という行為です。

大量の情報がSNSなどを通して入ってきます。それらは有益な情報ばかりではなく、まったく無用な情報も多く含まれています。あるいは、知らなければよかったとさえ思うような質《たち》の悪い情報もあるでしょう。それらの情報に振り回されることは避けなければいけません。

たとえば世の中には「平均」というものが存在しています。「サラリーマンの平均年収はいくら」「結婚する人の平均年齢はいくつ」「一般的な家庭の預金はいくら」などなど、さまざまな「平均値」なる数字が世の中に躍《おど》っています。国や経済の指標としてそれらの数字が示されるのでしょうが、それほど目を向ける必要もないかもしれません。必要以上に気にすれば、不安感が増すばかりです。

「世間の平均預金額は一〇〇〇万円だ。それに比べて我が家の預金は一〇〇万円しかない。将来これでは暮らしていけない」。「世間の人はほとんど三十代で結婚しているのに、四十歳の自分はまだ恋人もいない」。世の中に示された「平均値」なるものと自分を比べ、安心したり不安になったりすることはよくあることでしょう。

もし平均に比べて預金が少ないことを不安に思うのであれば、明日から計画的に預金を始めてみればいいのではないでしょうか。それが無理な状態なら、預金ができるようになるまで頑張ってみればいいのです。

預金がたくさんあろうが少なかろうが幸せとは関係ありません。二十代で結婚することがすなわち幸せなことでしょうか。自分自身がしたいと思った時に結婚することが幸せなのではないでしょうか。

具体的な誰かと比較して、自分も頑張ろうと思う。それは素晴らしいことです。しかし、まるで実体のない「世間」と比較することほど無意味なことはありません。

誰かといても孤独を感じるのはなぜ

友人や仲間たちと一緒にいても、なぜか孤独を感じることがあります。表面的にはわいわいと楽しんでいるのですが、どことなく居心地が悪かったりすることも時にはあります。また、どこか自分だけ疎外感を抱いていたりすることもあるでしょう。

実は孤独感というのは、物理的に一人でいる時よりも、誰かと一緒にいる時のほうが感じやすいものなのです。現実的に一人でいれば、寂しさや物足りなさを感じることはあるでしょうが、そこに孤独感は意外と生まれません。それよりも大勢の中にいて、どうもその人たちと自分の間には心の壁がある。そう感じた時に孤独感は生まれてくるのです。

たとえば、五人の友達と一緒にいる時に、自分だけが会話から取り残されている。みんなには共通の話題があるのですが、自分だけがその話題についていけない、という状態です。そんな状況に置かれた時には、やはりそこには疎外感が生まれます。誰かと一緒にいるのに孤独を感じる原因は、自分だけが輪の中に入れないという疎外感にあるのでしょう。

そんな時、何とかして疎外感から脱出しようと、無理やりに話を合わせようとします。相手に合わせようとすることは、けっして悪いことではありません。お互いに合わせようとする気持ちがあればこそ、そこに心地いい人間関係は生まれてくるものです。しかし、無理をしてはいけないと思います。自分の気持ちに嘘をついていても、やがて自分自身もしんどくなってきますし、相手もこちらが無理をしていることに気づくことになるでしょう。

また、こうした関係には往々《おうおう》にして強者と弱者の関係が生じます。強いほうの人間は、いつも自分を押し通そうとする。そして弱いほうの人間は、常に相手に合わせてばかり、という状況が生まれてきます。何が原因でこのような関係になるかは分かりませんが、世の中にはこのような関係がたくさんあるものです。

もし、今のあなたが弱者で、いつも相手に合わせてばかりいるとしたら。もしも相手に合わせることに疲れてしまっているのであれば、すぐに無理することを止めることです。相手に合わせなければ仲間外れにされる。みんなから疎外されて一人になってもいいではないですか。自分に無理をしてまで保たなければならない関係などありません。そんな場所からはさっさと逃げてしまうこと。そして自分を素直に表現できる場所を探すことです。

仲間に合わすのはしんどいことですが、なかなかその関係から抜け出せないという人がいます。その原因はその人自身にあります。思いきれば抜け出すことができるのでしょうが、自分から進んでそれをしない。どうしてできないか。それは、その人間関係に執着しているからです。

冷静になって考えてみてください。いくら昔からの友達であっても、別々の道を歩んでいれば、お互いの考え方も変わってくるでしょう。昔は分かり合えていたことも、今ではすれちがうこともあるはずです。それを昔からの友人だという理由だけで、互いに無理をして関係を続けようとすること。そこに楽しく温かな関係は生まれないでしょう。

もしも合わせることを苦痛に感じたり、その仲間の中で疎外感を抱くことがあれば、一旦そこから離れることです。そして何年か経って、思い出すことがあればまた連絡を取ればいいのです。一年も会わなかったら、その関係が終わってしまったとしても、それでもいいのではないでしょうか。所詮はそれだけの関係でしかなかったのですから。

もしも誰かと一緒にいることで孤独を感じているのであれば、一緒にいることを止めることです。その人に執着することを止めることで、余計な孤独はなくなると思います。

SNSに頼り過ぎているかもしれない

「以心伝心」という言葉があります。これはもともとは仏教の言葉です。自分が思っていることが、言葉に出さなくても相手に伝わる。たとえ離れた場所にいたとしても、相手に対する思いは必ず伝わっているという意味です。

忙しい日常の中にいても、ふと母親のことを思い出すことがあるでしょう。「元気にしているだろうか。病気などしていないだろうか」と思いを寄せる。一方で母親も我が子のことをいつも思っています。「ちゃんと栄養のあるものを食べているだろうか。仕事に追われてつらい思いをしていないだろうか」という感じです。

まめに連絡しない場合でも、お互いに気持ちは通じ合っているのです。「便りがないのが良い便り」という言葉があるように、直接的な言葉などなくても、心の温かさがそこにはあるということです。これが「以心伝心」ということなのです。

心が通じ合っている人がいてくれる。両親はいつも自分のことを思っていてくれる。そんな温かさがあるからこそ、人は孤独にならないのです。たとえ周りに分かり合う人がいなくても、自分のことを心配し、分かってくれている人が心の中にいることで、人は寂しさから解放されるのです。

ＳＮＳなどを通じてのコミュニケーションが主流になり、すっかり「以心伝心」というものが影を潜めてしまったように感じます。「元気でやっているかな」と思った時には、すぐにメールを送ればいいといった具合です。

とても便利なことではありますが、はたしてそれだけで心の温かさは伝わっているでしょうか。連絡事項のやりとりには便利ですが、ＳＮＳで心を伝え合うことができるのでしょうか。

「以心伝心なんてことをしなくても、ＳＮＳがあれば十分だ」と若い人たちは言うかもしれません。私の年代の人間には分からない関係性がそこには生まれているのだと思います。便利な手段であることは百も承知ですが、それでも少し気になることもあります。

若い人たちのスマートフォンには、それこそ何百人という人のアドレスが登録されています。その数が増えれば増えるほど「自分には知り合いがたくさんいる」という気持ちになるのです。これだけたくさんの友達がいるのですから、自分が孤独を感じることなどないと信じ込んでいるのです。

しかし、そこに登録されているたくさんの人たちは、本当にあなたが心を許せる友達なのでしょうか。

SNSやグループトークなどでメッセージを書き込むとします。「昨日から風邪をひいちゃって、熱が三九度もあります」と。たちまちたくさんの返事が書き込まれるでしょう。「大丈夫?」「ゆっくり休んでね」「病院に行った?」と。たくさんの知り合いがメッセージを送ってくれます。それでも、見舞いにやってくる友は誰もいないのではないでしょうか。

私が大学生の時、三日も大学を休んだ友人がいました。これまで三日も続けて授業を休んだことなどありません。「あいつ、大丈夫かな? 風邪でもひいたのかな?」と友人同士で心配になりましたが、地方から出てきて下宿をしている彼は電話をもっていません。連絡を取りたくてもどうしようもない。そこで私は友人と二人で彼の下宿を訪ねることにしたのです。

下宿のドアをノックしても返事がありません。私たちは彼の部屋の裏に回り、薄いガラスの扉を叩きました。すると彼はフラフラしながら扉のところまで這《は》ってきました。聞けば三日前から高熱が出て、ずっと寝ていたらしい。医者に行くお金がないから、何とか自力で治そうとしていたのです。食事もほとんどとれずに、水だけで三日間を過ごしていました。

私はすぐさま近くの店に駆け込み、風邪薬と食べ物を買いました。とにかく薬を飲ませて、炊飯器でご飯を炊いて、食事をさせました。そしてその日は深夜近くまで彼のそばにいることにしたのです。

二日後に彼は、元気な姿で大学にやってきました。「ありがとう。本当に助かった。あのままだったらミイラになっていたかもしれない」などと冗談を言っていましたが、「助けてくれ」という彼のＳＯＳが以心伝心で伝わったのかもしれません。どうして私は彼の下宿を訪れたのか。それは、彼は私の知り合いなどではなく、私の大事な友達だったからです。

「余った人生」はない

自分が老いていくこと。そこには言い知れぬ不安感があるものです。病気になったらどうしよう。身体が思うように動かなくなれば、やりたいこともできなくなる。経済的な不安もあるでしょうし、仕事ができなくなるという不安もあるでしょう。さらには人付き合いも少なくなり、たった一人きりで暮らしていかなければならない、ということが頭に浮かんできます。考えただけで不安になるのは当たり前かもしれません。

「余生《よせい》」という言葉があります。社会から現役を退《しりぞ》き、ひっそりと暮らすというイメージがこの言葉にはつきまといます。良い意味でも悪い意味でも、「余生」という言葉には寂しさが宿っているものです。

まず言っておきたいことは、人間には余生、つまり余った人生などというものはないということです。私たちにはそれぞれに「定命《じょうみょう》」というものがあります。それぞれの人に与えられた定められた命。生まれた時から与えられた命の長さがある。仏教ではそう考えられています。

もちろん自分の定命がいつまでなのかは知る由《よし》もありませんが、とにかく与えられた命を全《まっと》うするまで生きなければならない、ということです。それが私たちに与えられた使命なのです。

定年退職して仕事を引退する。やるべきこともないと考える人もいるのではないでしょうか。そう長くはない命なのだから、何もせずに余生を過ごせばいいという考え方です。

そんなふうに考えながら、結果として百歳まで生きたらどう思いますか。六十歳くらいで定年してから、百歳までの四十年間を無為に生きたとしたら、それこそ人生を無駄にしたことになります。いつ寿命が尽きるかは分かりません。しかし、寿命が尽きるその日まで、私たちは与えられた命を一生懸命に生きなくてはならないのです。

年を取れば、できないことが増えてきます。若い頃には簡単にできたことも、年を取れば難しくなってくることも多々あると思います。そんなことは当たり前のことです。できないことに目を向けるより、年を取ったからこそできることを考えてみてください。

たとえば現役の頃には、仕事をして給料を得て、そのお金で家族を支えていくことが何よりの目標でした。言い換えればお金を稼ぐために仕事をしていたわけです。それは現役時代に与えられた使命でもあります。

しかし現役から退いたら、もうお金を稼ぐことばかりを考える必要はないのではないでしょうか。

半分ボランティアみたいな活動もできます。少ししかお金が入ってこなくても、誰かのために活動することができる。社会のためになることをしたい。誰かに喜んでもらえるような活動をしてみたい。そんな気持ちをもっていたとしても、現役の頃にそれを実行するのは難しいでしょう。経済的な活動が最優先ですから、なかなかボランティア活動などに目を向けることはできません。

年を取れば、自分がやりたいと思ったことが遠慮なくできます。これまで自分を縛ってきたものから解放され、自分が生きたいように生きることができる。そんな自由を得ることができるのです。年を取ることでできなくなることがあります。しかしその一方で、心の自由を手に入れることができるのです。

もう一つは、夢や目標を見つけることです。もう年なのだから、夢をもったところで叶《かな》うはずはない。目標をもったところで実現するまでに死んでしまう。そう考える人もいるのではないでしょうか。

夢というのは、叶えることだけが目的ではありません。たとえ叶わなかったとしても、夢の実現に向かって歩いていくことこそが人生を豊かにしてくれるのです。目標に向かって歩くことで、そこに生きる喜びが芽生えてくることでしょう。どんな小さな夢でもいい。叶わないままに旅立ってもいいじゃないですか。人間は夢がなければ生きていけないのです。

そして夢や目標を見つけることができたら、ぜひとも誰かに話すことです。話すことで、そこにつながりが生まれてきます。同じ夢をもつ人がいるかもしれませんし、一緒に追いかけてくれる人が見つかるかもしれません。夢があるところに孤独はないのです。

年を取ってからの孤独が怖い。そう思うのであれば、まずは誰かのために何かをすることです。誰かが喜んでくれるものを見つけること。そして小さくてもいいですから、夢や目標をもつことです。

自由な心をもって夢に向かって一歩ずつ歩く。それが誰かのためにもなっているとしたら、そんな人生に孤独などありません。

お墓参りのすすめ

日々を生きていく中では、壁にぶつかることもあります。前に進むことができなくなったり、どうしようもない悩みを抱えたりすることもあるでしょう。それは誰かに相談して解決するような悩みではない。自分の心だけで解決していかなくてはいけない問題で、いったいどうすればいいのだろう、と思い悩むことがあるものです。

そんな行き止まりの道に迷い込んだ時、自分が抱えているこの悩みを分かってくれる人はいない。こんなに苦しんでいるのに、周りの人は大したことではないと言う。そんな状況に陥った時に、寂しさや虚《むな》しさという感情に包まれるのだと思います。

解決する方法がどうしても見つからない。相談できる人もいない。いや、他人に相談してどうにかなることではない、という悩みです。そんな問題にぶつかった時にはどうすればいいのか。私はお墓参りをおすすめします。

昨今では、お墓の存在が遠いものになってしまいました。その原因はさまざまなところにあります。地方から都市部に出てくる人が増え、いつしか故郷が遠い存在になっている人が多いのも事実でしょう。故郷にある先祖代々のお墓参りに行く機会もどんどん減ってきます。さらにはお墓を継ぐ人がいないために、墓じまいを考えざるを得ない人は全国で増える一方です。

お墓の存在が遠くなるということは、すなわちご先祖様とのつながりが薄れるということです。それは私たちの心に、ある種の喪失感が芽生えることになります。これは私が僧侶だから言うのではありません。

すべての人にはご先祖様がいます。何代も続くご先祖とのご縁。その縁がなければ私たちはこの世に生まれてくることはできないのです。

両親や祖父母の存在はもちろん身近なものです。それよりも昔の先祖のことは知ることはできません。どんな人だったのか。何をして生きてきたのか。過去帳などにはある程度書かれてはいますが、おそらくその人となりまでは分かりません。しかし、そんな会ったこともないご先祖の血を、私たちは確かに引いているのです。

そのことに思いを馳せながら、静かにお墓の前に立ってください。静かに手を合わせて、いま抱えている悩みを吐露《とろ》してみてください。「私はどうすればいいですか?」と。お墓の前でご先祖様と対話をする。これが自問自答ということなのです。

私の寺のお檀家《だんか》さんで、若くして病で旅立った女性がいました。彼女にはまだ小学生にもなっていない男の子の子供がいました。ある日、突然に母親を失った男の子。まだ頭では理解することはできません。どうしてお母さんがいなくなってしまったのかが分からないのです。お母さんはいつ帰ってくるのか。悲しみは日々に募《つの》っていきます。

女性が亡くなってからも、月命日になると男の子は父親と一緒にお墓参りにやってきました。毎月一回、二人はお墓参りを欠かすことはありませんでした。お墓の前に立ち、男の子は小さな手を合わせて呼びかけていました。「お母さん、来たよ」と。

三年も経った頃から、男の子はお祖母さんと一緒に来るようになりました。父親が忙しくなったのでしょう。少し大きくなった男の子はすっかりお墓参りの作法を覚えていました。お祖母さんが手を貸さなくてもきちんとしたお勤《つと》めをしていました。

中学生になると、男の子はお祖母さんの手を引きながらやってくるようになりました。これまでは連れてこられていた男の子が、今度はお祖母さんを助けるようになっていきます。声変わりした声で「お母さん、もうすぐ受験なんだよ。見守ってください」とお墓に語りかけていました。

それからしばらくすると、男の子はお墓参りに来なくなりました。大学生になり、その後、就職してどこかに移り住んだのかもしれない、きっと来られない理由があるのだろうと、私はそう思っていました。

幾年が過ぎたでしょうか。私の記憶からも、その男の子のことが消え始めていました。どうしているのかな、と思い出すことは減りましたが、もちろんお墓はしっかりと守っていますので、男の子に代わって私は手を合わせていました。

十数年が経ったある日。若いご夫婦が小さな男の子の手を引いてお寺にやってきました。桜が咲き始めた季節でした。その青年を見た瞬間、私はすぐに気づきました。あの男の子です。

就職して結婚して、立派になったその姿をお墓に眠る母親に見せに来たのです。「母さん、孫ですよ」と。妻を亡くしたご主人。母親を亡くした男の子。そして娘を亡くしたお祖母さん。みんなが悲しみの中に身を置いていたのです。寂しさで胸が押しつぶされそうになったことでしょう。しかし、彼らはけっして孤独ではなかったのだと思います。

第2章
家族との間で感じる孤独

家族の基本は食卓

家族というのは、言うまでもなく社会の中の最小単位であり基本となるものです。疲れた身体と心を癒《いや》す場所であり、最後には帰ってくる場所です。そんな場所があればこそ、私たちは外の世界で強く生きていけるのです。

そんな基本であるべき家族というものが、一つ屋根の下で暮らしながらも、温かな会話が生まれないことがあるようです。親といえども子供に干渉することを止める。今日という一日を家族がどのように過ごしたのか。そんなことさえ分からないような状態になっているようです。

家族の基本は、日々の食卓の中にあると私は思っています。三食を共にすることはなかなかできませんが、一日に一度は家族で食卓を囲むように努力することが大事です。

最近、「コケコッコ」という言葉があると知りました。もちろんこれは鶏の鳴き声などではありません。初めの「コ」は「孤食」のことを指します。次の

「ケ」は「欠食」。二つ目の「コ」は「個食」。そして最後の「コ」は「固食」のことを指しています。

「孤食」とは文字通り一人きりで食べることです。

「欠食」とは要するに食事を抜くこと。朝ごはんを食べないというのも欠食です。

「個食」というのは、同じ食卓を囲んでいても、みんなが違ったものを食べるということを指します。両親は魚を食べ、中学生の息子は焼き肉を食べ、高校生の娘はパスタを食べている、といった状態です。個人個人が自分の食べたいものを食べているという状態がいわゆる「個食」です。

最後の「固食」とは、いつも同じものばかりを食べているということ。この「コケコッコ」という表現が現代の食生活を表しているそうです。何とも貧しい食卓ではないかと思います。

家族が同じ時間に同じ食卓に座って、そして同じものを食べること。これが本来の姿だと私は思っています。同じ時間を共有する中に、自然と会話が生まれてくることでしょう。「この魚は新鮮だね」「今日はこんなことがあったんだ」と、他愛ない会話ですが、温かな言葉が食卓を取り囲んでくれるはずです。そんな時間があるからこそ、そこに家族の絆が生まれてくるのです。

平日は、家族がそろわないこともあるかもしれません。せめて週に一度は家族で食卓を囲む時間をもつように、家族全員で努めてみてはいかがでしょう。大切なことは、意識してその時間をもつことです。

二〇一九年にノーベル化学賞を受賞した吉野彰さん。吉野さんは自身の門限を午前五時と決めていたそうです。朝の五時には自宅に帰ること、という自らの決めごとです。どんなに研究に集中していても、朝の五時には必ず家に帰ったそうです。それは、家族と一緒に朝ごはんを食べるためです。

研究のために家族と一緒に過ごす時間も限られていたでしょう。どうしても仕事を優先しなければならないこともあったでしょう。せめて朝ごはんは家族と一緒に食べようと吉野さんは心に決め、それを実行してきたそうです。

家族そろって食卓を囲むことなどなかなかできない。仕事が忙しくて、そんな時間をつくることなどできない、そうおっしゃる方がいます。しかし、本当にそうでしょうか。ノーベル賞を受賞するような研究者でも、家族と食卓を囲む時間をつくることができます。誰でもその気になれば、それができないはずはないと思います。

仕事を言い訳にして、家族との食卓を蔑《ないがし》ろにしてはいけないということです。大したことではないと思うかもしれませんが、家族一緒に食事をするという小さな努力を怠《おこた》ることで、家族がバラバラになることも起こり得るのです。

家族に感じる寂しさ

家族というのは、好きとか嫌いとか、合うとか合わない、という問題ではなく、とにかく当たり前のようにそこにいてくれる存在です。気を使う必要もありませんし、素直な自分をさらけ出せる場所でもあります。であるからこそ、そこには甘えの感情が芽生えてくるのでしょう。

いくら家族とはいえ、互いの気持ちは口に出さなくては伝わらないのではないでしょうか。何を考えているのか。何を求めているのか。どれほどの愛情をもっているのか、というさまざまなことが実は伝わっていないものです。

子供が小さい頃には、いちいち口にしなくてもよかった。ただ抱きしめて可愛がってさえいれば、親の気持ちは子供には通じたものです。しかし子供が大きくなれば、それはまた別の人格として向き合っていかなくてはなりません。家の中では一緒に暮らしていても、それぞれが外の世界で違った経験をしているわけですから。

それぞれが別々の世界にいると言ってもいいかもしれません。別々の世界にいるのですから、そこに会話がなければ分かり合えるはずはありません。互いの話によく耳を傾け、別の人格であることを意識しながら、同じ土俵で向き合うこと。そんな努力が必要になってくるのだと思います。

家族の中で孤独を感じるのは、そこに会話がないからです。会話がなくなる原因は会話がかみ合わないからなのです。互いに一日の多くの時間を別々の世界で生きているのですから、会話がかみ合わなくなるのは当然といえば当然のことです。息子は父親の会社のことなど分かりませんし、父親も娘の大学のことなど分からないでしょう。娘も母親のパートの話を聞かされてもつまらない。そんな状況が積み重なり、どんどん家族の会話は減っていくのでしょう。

では、どうすればいいのでしょうか。答えは簡単です。かみ合うものを見つければいいのです。

共通の話題を探すこと。たとえ年齢が違っていても、同じ趣味をもてばそれで話はできます。面白かった映画の話でもいいでしょうし、旅行の話でもいいと思います。共通の話題は探せばいくらでもあるはずです。

そして大事なことは、無理をして話を合わそうとしないことです。子供に合わそうとして会話に入っていっても、結局はすれ違うだけです。映画に興味がないのにもかかわらず、娘に合わそうと映画を観たところで面白くはないでしょう。お互いに自分の好きなことを押し付けるのではなく、相手のことを尊重しつつ、共有できるものを見つけることが大事なのです。

寡黙《かもく》な父親と息子がいました。とにかく食事中も一言も話をしない。母親が一人でしゃべっているだけ。「まったく会話もしないで何が楽しいのかしら」と母親はいつも思っています。ところが趣味の釣りの話になると、まるで別人のように二人で会話が弾むそうです。これもまた一つの家族の風景でしょう。

専業主婦が感じる焦り

女性の社会進出が当たり前のようになりました。学校を卒業してから男性と同じように会社に就職し、その中でキャリアを積んでいく。現代はそういう時代になりました。社会の中に確固たる居場所があることはとても素晴らしいことですし、また生きるうえでの自信にもなってくるでしょう。

しかし世の中には社会から離れて、仕事をもたない女性もまたいるものです。専業主婦という人たちです。一昔前までは、女性は結婚すれば家庭の中に入ることが当たり前のように考えられてきました。夫と子供の世話をすることが何よりも大事なことだという考えからでしょう。

ところが今では、専業主婦はどんどん減少しています。子供が生まれて、産休の後に復職する。あるいは、会社を退職しても、子供の手が離れるとパートなどの仕事をしている女性は多くいます。そんな時代の中、専業主婦という立場に後ろめたさを感じている人もいるようです。

会社で同期だった女性は、今でもバリバリ仕事をしている。確実にキャリアを積み重ねている。それにもかかわらず自分は家庭の中に縛りつけられているようだと思い込んでいるのではないでしょうか。仕事をしたくても子供の世話があります。毎日掃除、洗濯、食事づくりに追われるだけ、せっかく築いた仕事のキャリアも失われていく感じがすると焦る人もいるのではないでしょうか。

そういう女性に私は言いたいと思います。「専業主婦というのも立派なキャリアですよ」と。会社での仕事がキャリアで、家庭での仕事はキャリアではない――そうではありません。会社の仕事は世の中の役に立っているのですが、家事や育児は何の役にも立っていないと思い込みがちです。しかし、それは大きな間違いです。

家庭を守ること。それは素晴らしい仕事であることに気づいてください。毎朝の朝食をつくり、みんなの栄養を管理する。そして「いってらっしゃい。気をつけてね」と笑顔で送り出すことで、夫や子供たちは明るい一日を迎えることができるのです。

そして「おかえりなさい。今日もよく頑張ったね」と迎えてあげることで、みんなは元気を取り戻すことができるのです。やはり家庭の空気をつくっているのは、妻であり母親である女性です。

母親が暗い顔をしていたら、たちまち家の中は暗くなってしまいます。母親の中に焦りがあれば、それを感じた子供たちの心は萎縮してしまうことでしょう。家庭の中を明るくして、家族の心を元気にすること。それは大変素晴らしい仕事なのです。

実際の家事のことを思い浮かべてください。幼い子供がいたら、その子の世話をしながら家事をこなさなくてはいけません。

夕食の準備を始めようとしたら、いきなり子供の機嫌が悪くなったりすることもあるでしょう。その子をあやしながらおかずの下ごしらえをし、ついでにお風呂のお湯も張ります。子供に夕食を食べさせながら、今度は夫のために一品をつくることもあるでしょう。子供を寝かせると洗濯物を畳み、合間の時間を見つけて家計簿をつけたりもする。

これらの作業を日々繰り返しているわけですから、その仕事はまさに事務能力が問われるものなのです。主婦の人たちの仕事は待ったなしです。後からやろうと先送りしていれば、たちまち家事は溜まっていく。仕事に優先順位をつけながら、瞬時に手順を考えそれを実行している力。これをキャリアと言わずして何と言うのでしょうか。

家事と育児をしながら、女性の事務処理能力は知らず知らずのうちに磨かれているのです。きっとこの能力に敵《かな》う男性はいないと思います。私が言いたいことは、主婦の仕事というのは、必ずや後の仕事に役に立つということなのです。

確かに一度会社を辞めれば、それまで積み重ねてきたキャリアは一旦白紙に戻ることがあるかもしれません。しかし、すべての仕事には共通するものがあります。

お寺の仕事でもそれは同じです。和尚たちに仕事を頼む時、やはり反応が早い和尚についつい仕事を頼んでしまいます。期日がない仕事であれば誰でもいいのですが、期限が迫っている仕事ほど反応の早い和尚に頼むことになってしまいます。

そしてこの「反応のスピード」を養ってくれるのが、家事という仕事であると私は思います。今の自分がやるべきことは家庭を守ること。夫と子供が安心して帰ってこられる家にしておくこと。そう心に決めることです。育児や家事がこの先も延々と続くことはありません。

子供はいずれ独立して家を出ていきます。そうなれば夫にも家事を分担してもらえばいいのではないでしょうか。主婦を専業としなければならないのは、実は人生の中でそう長い時間ではありません。

自信をもって、堂々と専業主婦をしてください。同僚や近所の人たちと比べるのではなく、あなたが今、一番大切なものに目を向けてほしいと思います。

個室文化の影響

かつて三世代同居が当たり前だった時代。今のように部屋ごとに暖房などありませんから、みんなが居間に集まって温まっているというのが一般的でした。子供部屋とはいえ、一つの部屋には四人も五人も兄弟姉妹がいたものです。ですから、一人きりになる空間など家のどこにもありませんでした。

今は、子供にも部屋が与えられます。小学生になった頃から、一人に一部屋が一般的なようです。自立心を養うためにはそれがいいと考えられているのかもしれません。

もともと、子供部屋なるものが登場してきたのはアメリカの影響だと考えられます。アメリカでは、小さな頃から子供たちは自分の部屋を与えられたようです。そのスタイルが日本のいわゆる団塊の世代の中で広がっていきました。

しかし実際にアメリカで長く生活していた人に聞くと、確かにアメリカでは子供の頃から個室が与えられますが、それは主に子供が寝るための部屋とのことです。

勉強する時と寝る時には自分の部屋に行くことになりますが、その他の多くの時間は家族がいるリビングで過ごすのだそうです。もしも子供が部屋に閉じこもってばかりいたら、両親は声をかけてリビングに来させる。何より家族が一緒にいる時間を大切にしているということでした。

ところが個室を与えることだけを取り入れた日本では、子供たちは自分の部屋に閉じこもるようになりました。勉強する時や寝る時だけでなく、学校から帰るとすぐに自分の部屋に閉じこもってしまう。部屋の中で何をしているかを母親は知らないということになってしまいました。

勉強しているのか寝ているのか、それともゲームに興じているのか。何をしているのかさっぱり分かりません。干渉しないことが子供の自立を促すと考えるとしたら間違いです。個室に閉じこもることと自立することはまったく関係がないことと考えられます。

個室に閉じこもる習慣がついてしまいますと、それは自己中心的な考え方へとつながっていきます。大げさで言っているのではありません。個室の中では何をしようが自由です。誰の目も気にすることはないですし、誰かに気を使う必要もありません。

つまりは、他人を思いやるという気持ちが薄れていってしまうのです。他の誰かと一緒にいる。自分以外の他者の存在をどこかに感じること。実はそれは人間としてとても大事なことなのです。

たとえ家族であったとしても、同じ空間にいれば互いに気を使うものです。

テレビを見ていても、弟が宿題を始めれば、自然とテレビのボリュームを小さくするでしょう。大声でおしゃべりをしていても、父親の携帯に仕事の電話が入れば、みんなは小声になるでしょう。当たり前のことだと思われるでしょうが、個室に慣れきってしまうと、この当たり前の気づかいすらできなくなってくるのです。相手のことを思いやるちょっとした気持ち。これを身につけなかった子供は、社会に出てから困ります。というより、社会で通用しなくなるのです。

子供の中学受験や高校受験に高い関心が集まっています。いわゆる有名中学や有名高校に合格した子供たちは、どのような勉強をしていたかをとりあげたテレビ番組がありました。

有名中学や有名高校に合格した子供たちの多くが、家のリビングで勉強をしていたというのです。もちろん子供たちには部屋が与えられています。そこには勉強机がありますが、子供たちはリビングで勉強をしている。リビングにいれば母親が夕食の支度をする音も聞こえるでしょう。妹や弟が遊んでいる声も聞こえるでしょう。自分の部屋のほうが静かに勉強ができるのでしょうが、あえてリビングで勉強をしている子供が多かったのです。

どうしてなのか。その理由は彼らにも分からないかもしれません。しかし一つだけ言えるのは、彼らは家族の存在を感じることで心が安定していたのだということです。

自分が一生懸命に勉強している姿を両親が見ていてくれる。自分は一人で頑張っているわけではない。そして、勉強が行き詰まった時に、顔を上げればそこには温かなまなざしがある。そういう安心感があるのではないでしょうか。自立心とは一足飛びに身につくものではありません。それは心の安心感の先に辿りつくものなのです。

家族とは究極の共同生活

いじめの問題や引きこもりの問題が教育現場で増え続けています。いじめなどは昔からあったものですが、引きこもりの数はこれほど多くはなかったのではないでしょうか。その原因は一つではないと思いますが、やはり大きな要因は人間関係をうまく築けない子供が増えていることだと私は考えています。

人間関係の基本にあるものとは何か。それはお互いに対する気づかいです。別々の人格をもった人間同士が関係をつくろうとする時、そこには必ずすれ違いやぶつかり合いが生まれるものです。友人であろうが兄弟であろうが親子であろうが、二人の人間がいればそこには二つの自我があり、それがぶつかり合う時もあります。それが人間の関係というものです。

そしてその関係を良くしていくために大切なことが、相手に対する気づかいと思いやりです。これが欠けていると、いつまで経っても温かな人間関係は生まれません。互いの信頼も築けません。そしてこの他人を思いやる気持ちというのは、大人になってからではなかなか身につかないものなのです。感性が豊かな子供時代や青年期にしか養うことはできないのです。

ある教育財団から、子供の教育にとって必要なものは何かというテーマで原稿を書いてほしいと頼まれたことがあります。そこで私は、かつてから提唱している一つの案を書きました。それは、十代から二十代の前半までのうちの一年間、全員が地方の過疎地域で合宿生活を送るという提案です。

全国には廃校になった学校がたくさんあります。子供の数が減り、使われなくなった学校が多くあります。その学校を寄宿舎として使うという案です。そこで一年間の共同生活を経験させることが目的です。

そして、日中は第一次産業の手伝いをしてもらうのです。林業に興味のある子供は山に行って山の仕事の手伝いをする。木々を伐採したり、将来のために新たな植樹をしたりすることで、いかに林業が大切なものかが分かるでしょう。農業に興味のある子供は農家の人に預け、一年を通して農作業に従事してもらいます。日ごろ何気なく食べていたお米や野菜。それを収穫するためにどれほど農家の人たちが努力をしているか。その姿を見て、さらに自らが体験することで、きっと人生は豊かなものになるはずです。

そして漁業の手伝いをした子供たちは、きっと命の大切さに気づくことでしょう。魚という生き物を人間は捕り、それを切り刻んで食べている。魚を食べることで私たちの命はつながっていくことができるのです。

生き物と自然に対する感謝の念が自然と生まれてくることでしょう。仏教の修行などしなくても、林業や農業、そして漁業の経験をすることで、人間として大切なものを学ぶことができると私は思っています。

昼間はそれぞれが第一次産業で仕事をし、夕方には廃校を利用した宿舎に帰ってくるというアイディアです。みんなでお風呂に入り、同じ釜の飯を食べる。掃除や洗濯といった日常の仕事は役割分担をして、みんなが協力し合って一年という時間を過ごすわけです。そんな経験をすることで、他人への気づかいや思いやりの心は自然と身についていきます。そして一年の合宿生活が終わった時には、一生つき合っていけるような心の友ができているでしょう。

二〇一九年に日本で開催されたラグビーのワールドカップ。決勝トーナメントに進んだ日本チームは、ワールドカップの前から数カ月にもわたって合宿生活をしていたと言います。結婚して家族をもつ選手も、家庭を離れてチームの合宿に合流していたそうです。まさに寝食を共にしながらラグビーと向き合ってきた。この時間が「ワンチーム」という絆を築いてきたのでしょう。

寝食を共にすること。かつては「同じ釜の飯を食う」と表現されましたが、これは人間関係を築くうえで非常に有効なことだと私は思っています。私たち禅僧も、雲水《うんすい》時代は修行する者同士が寝食を共にします。そこで互いに励まし合いながら厳しい修行に耐えていくのです。

もしもたった一人で修行をするとしたら、とてもあの厳しい修行に耐えられなかったと思います。共に苦労をし、共に励まし合うということが、人間にとっては大切なことなのだと実感する経験です。

考えてみれば、家族というのは究極の共同生活と言えます。同じ家に暮らしているのですから、寝食を共にするのは当たり前です。

しかし、その「当たり前」に甘えてはいないでしょうか。同じ家に住んでいるというだけで、お互いを気づかうことを忘れている。これでは家族がワンチームになることはできません。

家族といえども「他者」です。他人ではありませんが、他者であることを忘れてはいけないと思います。かけがえのない存在であるからこそ、常に思いやりの心をもたなくてはいけないのです。

祖父母のところへ行かせてみる

かつての日本では、三世代が一緒に暮らすことが当たり前でした。お祖父さんお祖母さん、お父さんお母さん、そして子供たち。家の中はいつも賑やかだったものです。第一次産業が主流でしたから、こういう家族のかたちができたのでしょう。

どうして三世代同居を私がすすめるのか。それは、三世代で暮らすことによって、家庭の中に逃げ場ができるからです。「心の逃げ場」と言ってもいいでしょう。

たとえ家族といえども、ぶつかることはあって当然です。親は子供のためを思って厳しく叱ります。親の愛情など子供にはなかなか伝わりません。押し付けようとする親と、それに反発する子供。どこにでもある親子の問題ですが、これがこじれてしまうと大変なことになります。そこで親と子の緩衝《かんしょう》材の役割を果たすのが祖父母の存在なのです。

両親に叱られたことを祖父母に訴える。祖父母は「そうか、叱られたのか」とにっこりと笑って言うだけです。別にアドバイスをしてくれるわけではありません。ただただ子供の心を受け止めてくれます。何も言わずにただ受け止めてくれるだけなのです。これがどれほど心に元気を与えてくれるか。お祖父さんとお祖母さんの笑顔を見ていると、叱られたことなどどうでもいいと思ってしまうことになるでしょう。

両親は子供を一人前の大人に育てなければいけないという責任感をもっています。ただ可愛がっているわけにはいきません。時には厳しく叱らなければいけないこともあるでしょう。確かにそうなのですが、子供のためだと言いながらも、つい感情が先走ってしまうこともあるでしょう。それが親子の壁をつくる原因になったりもするのです。その親子の心にできた壁に、そっと扉をつくってくれるのが祖父母なのだと思います。心の逃げ場所に通じる扉をつくってくれるということです。その安心感が子供の心を和《やわ》らげてくれるのです。

それは子供のためばかりではありません。親のほうもまた、祖父母、つまりは自分の両親から大切なことに気づかせてもらったりするのです。

子供のことを厳しく叱っている父親。その父親を見てお祖母さんは言います。「あなたの小さい頃も同じことをしていたわよ。よく似た親子だね」と。自分の母親からこう言われることで、ハッと素直な自分に戻ることができることでしょう。自分の母親にそう言われれば、もう言い返す言葉などありません。

子供の頃の自分を思い出す。それは自分の心だけではなかなかできないことだと思います。できたとしても自分に都合のいいところしか思い出さないことでしょう。幼い頃の自分と出会うためには、やはり両親の言葉が何より大切なのです。

子供は両親に叱られれば祖父母の懐《ふところ》に逃げ込む。そして両親も子育てに悩んだ時には、自分の親である祖父母の言葉を聞いてみる。そういう心の逃げ場が、三世代同居の中には生まれるのです。これはとても大事なことではないかと思うのです。

私は政府が主宰する委員会で三世代同居を推進するべく提案をしたことがあります。それがきっかけになったかどうかは分かりませんが、現在では、三世代同居を始める家族のリフォーム代などを一部援助するという制度もでき始めました。令和という新しい時代に入りました。新しさばかりに目を向けるのではなく、古き良きものをも思い返してみることが求められる時代だと私は考えています。

さて、三世代同居をしたくても、現実的には難しいという人も多いのではないでしょうか。いまさら故郷に帰ったところで、仕事もそう簡単には見つからないかもしれません。仕事に追われる暮らしの中、帰省するのも大変なことでしょう。それならば、子供たちだけで祖父母のところに行かせるという考えもあるのではないでしょうか。小学生や中学生にもなれば、子供たちだけで祖父母の住むところに行くことはできるのではないでしょうか。一週間か二週間、子供たちをお祖父さんお祖母さんのところに行かせてみてください。祖父母の何の計《はか》らいもない優しさに包まれることで、きっと子供の心は柔らかくなるでしょう。

我が子に期待し過ぎ

我が子が生まれた時、親は心の底から喜び、そして無事に生まれてきてくれたことに誰しもが感謝することでしょう。

本当によく生まれてきてくれた。無事に生まれてくれただけで十分だ。これからの人生は思うように生き、幸せになってほしいと願うものです。生まれてきたばかりの赤ん坊を見ながら、親はもう一〇〇点満点だと思うことでしょう。

ところが子供が小学生にもなれば、親の気持ちに変化が出てきます。我が子への期待がどんどん生まれてくるのです。そしてその期待は他の子供との比較というかたちで現れてきます。

生まれてきた時には一〇〇点満点だった我が子。それが小学校に入り、中学生になっていくうちにどんどん点数が減点されていくように見えます。親のほうはそのことに気づいてはいませんが、子供のほうは敏感に親の気持ちを感じるものです。父親と母親の自分に対する評価が低くなっている。それは子供の心にとって大きな傷となるのです。

人間は誰にでも得手不得手があります。あなた自身もそうであるはずなのに、子供に対してはつい忘れてしまうのです。常に他の子供と比べて、我が子の不得意な部分ばかりに目をやってしまっている。そんな経験がありませんかか。もしも身に覚えがあるのであれば、すぐにその比較を止めることです。親のため息が、どれほど子供の心を傷つけているかに気づいてください。

自分が減点されていることを感じた子供は、いつも消極的な気持ちになることでしょう。いちばん好きな親が認めてくれないのですから、どんどん自信をなくしていきます。これはとても自然なことです。自信を失った子供は、社会の中での居場所が失われていくことになります。学校や社会に馴染《なじ》むことができなくなってしまいます。そして最悪の場合には親への暴力というかたちになって現れることもあるでしょう。親が認めてくれないという孤独感。それは子供にとって、毎日が拷問にも等しいものだと思います。

生まれてきた時の一〇〇点満点の気持ちを常に忘れないように自ら努めることです。不得意なものがまったくないという人間がいないように、得意なものがまったくないという人間もいません。人は必ず良い部分や得意なものをもっています。そこに目を向け、それを伸ばしてあげることが大事なのです。

得手不得手というのは、必ずしも両親から遺伝するものではありません。親が得意なものは子供も得意、親が苦手なものは子供も苦手になる、と思ってしまいがちですが、それは大きな間違いです。

親はつい、自分が得意なことを子供にも押し付けようとしてしまうのです。反対に、自分が不得意なものは子供にすすめなかったりします。これは親のエゴではないでしょうか。

確かに子供は親からの遺伝を受け継ぎます。似ているところもたくさんあるでしょう。しかし、それでも、人格やもって生まれた才能はまったく別です。「自分と同じような道を歩んでほしい」。そう願う気持ちも分かりますが、それを押し付けたりしてはいけないのです。

一〇〇点満点で生まれてきてくれた我が子を減点することは止めましょう。たとえ一点の減点でも、その親の気持ちは必ず子供に伝わります。一〇〇点からどんどん加点していってください。無事に小学生になったのですから、それはもう二〇〇点です。

本音が言える場かどうか

「露《ろ》」という禅の言葉があります。これは心の中をすべて露《あら》わにするという意味をもっています。何の計らいごともなく、素直に自分自身をさらけ出すことができる状態を言います。そしてその心を相手が受け止めてくれる。隠し事などなく、本音でぶつかり合うことのできる間柄。そういう関係を私たちはどこかで求めているのかもしれません。

ところが現実の人間関係の中で、本音でぶつかり合うことはとても難しいことです。いろんな考え方の人がいます。さまざまな価値観が世の中にはあります。そして私たちには感情というものがあります。いつも冷静になって相手の言葉を受け止めることなど、なかなかできないでしょう。

実は人間関係のほとんどは「上辺《うわべ》の付き合い」なのではないでしょうか。上辺の付き合いと言うと、何となく冷たい感じを受ける人も多いでしょう。そんな関係は寂しい。上辺の付き合いなどでなく、本音をぶつけ合う関係こそがいいのだと、言われるかもしれません。しかし、本当にそうでしょうか。たとえば上司と部下が飲みに行きます。「今日はお互い本音で話そうじゃないか。日ごろ思っている私への不満を隠さずに言ってほしい」。そう上司が言います。この言葉を子供のように鵜呑《うの》みにして、本心をさらけ出せばどうなるでしょうか。

「では言わせてもらいますが、部長は自分が仕事もできないのに、どうして部下ばかり叱責《しっせき》をするのですか。少なくとも私のほうが部長より仕事ができると思います」と、もしも部下がこう本音をさらけ出せばどうなるでしょうか。その瞬間に互いの信頼関係は失われますし、もう一緒に仕事をすることもできなくなるでしょう。たとえ部下が言ったことのほうが真実だとしても、周りのみんなもそう思っていたとしても、それは露わにしてはいけないことなのです。

それを十分に承知しているからこそ、誰もが上辺の言葉で包むのです。「部長は仕事ができますが、私たちはまだまだ未熟です。もう少し長い目で見てもらえませんか」。そう言うことで関係性は保たれるのです。

こうした場面は会社の中ばかりでなく、友人関係や隣人関係の中でも同じです。いくら長い付き合いの友人でも、けっして露わにしてはいけないものがあります。「上辺の付き合い」を互いに心がけることで、世の中の関係性は成り立っているのです。

私たちは社会の中で、こうした上辺の関係を生きていかなくてはなりません。しかし、それは一方ではストレスにもなってきます。言ってみれば、常に本音を隠しながら生きている。それは自分自身を隠しながら生きていることにも通じるからです。どこかに本音を出せる場がなければ、私たちは自分自身を見失うことにもなりかねないのです。

自分の本音を隠さずに出すことのできる場所。上辺の言葉ではなく、心の底から湧いてきた言葉をさらけ出せる場所。そんな場所が唯一あるとすれば、それが家族ということになるのです。

子供たちが安心して本音を出せる場。そういう場所をつくることが親の役目だと私は思います。特に小学生くらいまでは、心の中をさらけ出せるような環境にすることです。

子供が成長していけば、そこには大人同士としての関係性も生まれてきます。親子とはいえ、純粋に本音で話すこともなくなってくるでしょう。互いの気持ちを思いやることもあるでしょう。親子が自立するとはそういうことなのです。

もしかしたら、いずれ、親子であろうと「上辺の関係」になるかもしれません。それは良いことだとは思えません。であるからこそ、そうならないために、子供の頃の本音を十分に受け止めてあげることなのです。「ここでだけは気持ちをさらけ出していいんだ」と子供心に思えれば、親子の関係は上辺ではなく「ホンモノ」の関係になるのだと思います。

第3章
大事な人と一緒にいると生じる孤独感

友人は少なくていい

小学校に入学する時期になると、耳にするフレーズ「友達一〇〇人できるかな」。

この裏側には、友達はたくさんいたほうがいいという価値観が隠されているのかもしれません。また、どんな子とも仲良しになりましょうという意味も含まれているのでしょう。この感覚は私が小さい頃にはありませんでした。

いくら小学生といっても、この子とは遊んでいて楽しいな、あの子は何となく苦手だな、そういう気持ちはどこかにあったものでした。そして子供ですから、その自分の気持ちに正直に友達とお付き合いをしていたような気がします。

そこには、誰とでも仲良くしなくてはいけないという考えはありませんでした。幼い頃から友達を選ぶ力を養っていたことになるのだと思うのです。

大人になってからの人間関係も、つまるところは選択です。会社や近隣社会で生じてくる人間関係についても同じことが言えるでしょう。すべての人たちと仲良くしようとしても、そんなことは無理だと思うのです。会社の中でも八方美人になろうとすればするほど、結局は浮いた存在になっていきます。

自分はどういう人と付き合っていきたいのか。どの人たちとの信頼関係を築いていきたいのか。こういった人間関係の基準は、自分の中にあったほうがいいと私は思っています。

合わないから、嫌いだからという感情的なことで相手を拒否することは大人としてはちょっと恥ずかしいので、慎《つつし》んだほうがいいように思います。自分が苦手だと感じる人でも、表面上は上手に付き合っていくのが大人というものです。そう割り切って考えることです。

第一、あなたが苦手だと感じている人は、きっと相手も同じようにあなたのことを苦手だと感じています。お互いに苦手だと思っているのですから、そこに深い関係が生まれることはないでしょう。表面的な付き合いで十分なのです。

友達はたくさんいたほうがいい。小さい頃に刻まれたその考え方が、大人になっても消えていない人が多いのではないでしょうか。

特に今ではSNSなどという便利なものがありますから、やりとりをしようと思えば、それこそ何百人もの人たちとやりとりをすることができるでしょう。そしてたとえSNS上の友達だったとしても、やっぱり友達は多いほうがいいと思い込んでいるのではないかと思います。

自分には一〇〇人を超える友達がいる。いつもSNSで連絡を取り合っている。自分はこんなにも人気者だと、錯覚を抱いてしまう人もいることでしょう。そう信じている人が、たとえば病気にかかって一カ月入院したとしましょう。病室の中ではスマホを使うことができませんから、SNSで連絡を取り合う回数も減ってきます。入院した時は五〇人を超える「友達」がメッセージを送ってきてくれます。

ところがそれが一週間二週間と経つうちに、どんどん「友達」は減っていきます。そして退院するその日、誰一人病院に迎えに来てくれる「友達」はいないのではないでしょうか。これほど孤独を感じることはないでしょう。

一〇〇人の「友達」よりも、たった一人でもいい、心から信頼し合える友人をもつことが大事なのではないかと思うのです。

「把手共行《はしゅきょうこう》」という禅語があります。読んで字のごとく、共に手を取り合って生きていくということです。苦しい時も悲しい時も、それらの苦難を共に分かち合っていける人。都合のいい時だけ大騒ぎするのではなく、どちらかが苦しい時にコソッとそばにいてくれる人。多くの言葉を伝え合わなくても、互いの表情を見るだけで分かり合える人。そんな友達を見つけることです。しかし、そんな心の友を見つけることは簡単なことではありません。ＳＮＳなどで簡単に知り合えるようなものと違うことは言うにおよびません。

病気になった時、たとえすぐにＳＮＳでメッセージなどくれなくても、三日ごとに病室に顔を出してくれる人。たった十分でも、ベッドのそばに座っていてくれる人。そんな人を見つけることです。「友達は多いほうがいい」という幻想こそが、余計な孤独感を生み出しているのです。「心から信頼できる本当の友」は、そうたくさんできるものではありません。

恋人のことは半分わかっていればいい

お互いに惹《ひ》かれ合ってお付き合いが始まります。初めのうちは、ただ一緒にいれば幸せな気分になるものでしょう。そして付き合いが深まれば、もっと自分のことを分かってほしいという気持ちが湧き出てくるものです。それと共に、相手のことを深く知りたいという欲求も生まれてくることになるでしょう。もっと理解し合い、分かり合いたいという気持ちが膨《ふく》らんでくることになります。

相手との関係を大切に思うからこそ、こうした欲求が出てくるのです。ところがこの欲求を満たすことは残念ながら大変難しいことと言えます。それは、人間同士が一〇〇パーセント分かり合うことなど不可能だからです。分かり合えるという幻想。まずはそこから距離を置くことから始めましょう。

分かり合うとはどういうことでしょうか。まずは「自分のことを分かってほしい」という願望が芽生えることになるでしょう。自分が考えていることや感じていること、さらには本当の自分の姿を知って認めてほしいという思いが高まっていくのです。

では逆に、あなた自身は本当の自分を知っているのでしょうか。あなたが考えていることや感じていることは変わることがない確固たるものなのでしょうか。私たちは日々に移《うつ》ろいでいます。昨日はこう思っていたのが、今日になったら考えが変わった、ということもあります。常に移ろいでいるのが私たちの心です。

もしも今、自分の思いが相手に伝わったとしても、明日になればそれはもう過去のものです。自分のことを分かってほしい。それではいったい自分の何を分かってほしいのでしょう。

また、相手のことをもっと分かりたいという気持ち。これもまたすべてを知る術《すべ》などありません。相手のことを知りたいと、次々に質問を浴びせていく。プライベートなことまで立ち入って聞こうとすることもあるでしょう。あるいは恋人がどのような日常を過ごしているかを知りたくて、まるでストーカーのような行動をしてしまうことも考えられます。

たとえ相手に愛情をもっていたとしても、そんなことをすればたちまち関係は崩れてしまうことになるでしょう。すなわち、自分のことを分かってほしいという願望は押し付けであり、相手のことをもっと分かりたいという願望は束縛に過ぎないのです。押し付けと束縛から心地よい人間関係が生まれることはありません。

愛する人と分かり合いたい。そういう気持ちはあって当然でしょう。しかし、すべてを分かり合いたい、と思うものではないと思います。お互いに半分くらい分かり合っていれば、それでいい。分かっている部分が半分で、付き合っても分からないところが半分程度ある。それくらいがちょうどいいのだと私は思っています。そうして結婚して、長い時間を共にすることによって、半分が六〇パーセントくらいになってくるものです。

大好きな恋人と一緒にいるのに、なぜか孤独を感じてしまう。互いに笑顔でいるにもかかわらず、どこか寂しさを感じてしまう、ということ。そんな瞬間を経験することがあるでしょう。どうして恋人と一緒にいて寂しくなるのでしょうか。それはきっと、相手と気持ちが通じ合っていないと感じる瞬間があるからだと思います。

互いの心が通じ合っていないと感じる瞬間。分かり合えていないないなと感じる瞬間。実はこのすれ違いの瞬間こそが二人の関係を深めてくれるのです。

お互いにすれ違いをまったく感じない。自分たちは分かり合っているから孤独など感じたことがない。もしもそんな二人がいたとすれば、それは現実の世界ではなく、夢の世界に生きているようなものです。そしてその分かり合えているという幻想は、元をただせばそれぞれのわがままに行きつきます。分かってもいない相手のことを分かっていると思い込んでしまう。分かってもらえるはずのない自分のことを分かってくれていると思い込む。これは言うなれば幼い子供の発想なのです。

大人になれば、やがてこの幻想から目が覚めます。人間にはどうしても分かり合えない部分があることに気がつくことになるでしょう。分かり合えない部分があるからこそ、さらに相手に対する思いやりの気持ちをもたなくてはならない、という気持ちが芽生えてきます。そこに、歩み寄る努力が生まれてくるのです。

一〇〇パーセントお互いに分かり合えることなどあり得ません。まずはそれを心しておくことが大事だと思います。

それは寂しいことでも冷たいことでもありません。人間関係とは分かり合っていないことから始まるのです。お互いのことなどまったく知らない。そこからスタートし、少しずつ相手のことが分かってくるようになります。一方で、少しずつ自分のことを知ってもらおうとすることもあるでしょう。一歩ずつ歩み寄る時間を大切にすることによって、二人の関係は深まっていくのだと思います。

若い人たちを眺めていますと、分かり合うことを急いでいるような気がします。焦ることなどまったくありません。もう少しゆったりとした気持ちで、お互いの心を擦《す》り合わせることでいいのです。心の中でしっかりと編《あ》んだ言葉を相手に伝えることです。そうして少しずつ分かり合っていけばいいのだと思います。

定年後の夫婦

六十歳を超えるとやがて会社を定年退職する時期が訪れます。何十年も勤め上げてきたという満足感もあるでしょうが、その裏側には強烈な寂しさも感じるものです。定年退職した翌朝、これからは朝早く起きる必要はなくなります。いつまで寝ていてもいいという状態になるのです。初めはこんな幸せなことがあるのかと思うでしょうが、結局は今までと同じ時間に目が覚めます。

仕方なくリビングに下りていき、これもまたこれまでの習慣どおりにお茶やコーヒーを飲みながら新聞を読みます。これまでは朝刊を読む時間は五分しかありませんでしたが、今や一時間もかけて読むことができます。ゆったり過ぎるくらいの朝の時間を過ごせば、さて、やることがありません。身体はこれまでの習慣で出かける準備が整っていますが、実際に出かける場所がない、という状態が続きます。そこには、世間から置いてきぼりになったような孤独感が押し寄せてくるのです。

そんな濡れ落ち葉のような夫をしり目に、妻はいつもの日常を送っている。

「私は出かけてきますから」と言う。「どこに行くんだ？」と夫が尋ねると、妻が「今日は公民館でコーラスの練習の日ですから、昼まで練習して、その後はみんなでランチをする予定です」。「何時に帰ってくるんだ？」「そうですね、三時過ぎくらいかしら」「俺の昼飯はどうなるんだ？」「冷蔵庫に惣菜が入ってますから、レンジで温めて食べてください」。

呆然と妻を見送る夫。妻にはしっかりと根づいた日常と人間関係がありますす。それに比べて夫のほうは、仕事以外の人間関係も用事もありません。いったいこれからどうやって毎日を過ごせばいいんだろうと、不安が広がっていきます。こういうご夫婦が全国のいたるところにいるのではないでしょうか。

「一人ぼっち」になった夫は、金魚のフンのように妻の後を追いかけます。買い物に行くのも図書館に本を返しに行くのもついていく。妻とすれば鬱陶《うっとう》しくて仕方がありません。最悪の場合には定年離婚などという事態にもなりかねません。そこで必要なことは、定年後の居場所をいかにつくっておくかということでしょう。少なくとも定年になる五年くらい前からは、定年後の準備を始めるのがいい、と日ごろから私は皆さんに話しています。

地域とのつながりをもつようにしたり、あるいは学生時代の同級生たちと連絡を取り合ったり、趣味の集まりに積極的に参加をしたり。定年退職後の長い人生の過ごし方を見つけておくことです。

「定年になったら妻と二人で日本中を旅して回りたい。これまでの妻への恩返しをしたい」という夢を描く男性がいました。そして定年退職した一週間後に、彼はキャンピングカーを購入したのです。

妻を驚かせようと、颯爽《さっそう》とキャンピングカーを運転して家に帰ります。「来週からこの車に乗って一カ月の旅に出かけよう」。夫は嬉しそうに言います。ところが妻は表情を曇《くも》らせて、「一カ月も出かけるなんて無理。私には予定がありますから。それに、車に乗って旅をするなんて窮屈《きゅうくつ》でいやだわ」と。

その日からその男性は、庭に停《と》めたキャンピングカーの中で一人過ごすことになったと言います。これは笑い話のような、でも本当の話です。

長年、連れ添った夫婦とはいえ、その間お互いの生活は別々なものになります。妻が夫の会社での様子を知らないように、夫もまた妻の生活ぶりを知りません。夫は、専業主婦の妻は、家族と地域のつながりしかないと思い込んでいたのです。しかし妻は、夫が想像もつかないほどたくさんの人間関係を築いて、自分の世界をしっかりとつくっていたのです。

大事なことは、お互いの生活を尊重することです。相手を縛《しば》ろうとしてはいけません。妻が「友達と旅行に行きたい」と言うのであれば、笑顔で送り出してあげることです。「気をつけてね。楽しんでおいで」と送り出すことです。

考え方や価値観は六割も一緒であればそれで十分です。お互いに別の人格なのですから、一〇〇パーセント同じになることなどできませんし、あえてそう努力する必要もありません。それと同じように、定年後の生活にしても、一緒にいるのは三割くらいがちょうどいいのです。

三度の食事さえ一緒にしていれば、寂しさなどは感じないと思います。朝ごはんを一緒に食べた後は、もうお互いに好きなことをすることです。同じ趣味をもっているのであればそれもいいでしょうが、別に夫婦だからといって同じ趣味をもつ必要はありません。無理をして相手に合わそうとすれば、それはやがてストレスになってくるでしょう。もっと自由にお互いが自分の人生を楽しむことがいいと思います。

会社には定年がありますが、夫婦に定年はありません。もし定年があるとすれば、それはどちらかが旅立った時でしょう。いつかやってくるその夫婦の定年まで、相手のことを尊重し、愛《いと》おしむ気持ちを忘れないことです。

都会で感じる孤独感の正体

東京や大阪などという大都会には、溢《あふ》れんばかりの人が暮らしています。誰もが毎日を満喫しているように見えます。そんな他人の姿を見ながら、少しの孤独を感じることがありませんでしょうか。

東京に暮らす人たちの多くは、もともとは地方の出身者です。北国や南の島から都会に出てきた人たち。さまざまな理由があるでしょうが、地方出身者が都会に馴染《なじ》むことはそう簡単なことではありません。学生の頃であればいいのですが、たとえば結婚して夫が東京に転勤になったために一緒に出てきた。そういう主婦の人は孤独感に苛《さいな》まれることもあるでしょう。

周りには友達もいません。近所の人と話をしようとしても、言葉が少し違ったりすることで引っ込み思案になったりもします。スーパーに行っても、田舎には必ず置いてあった食材がありません。同じ日本ではありますが、文化や風習の違いが時々あるものです。

どうして都会では孤独を感じるのでしょうか。言葉の違いなどすぐに慣れるでしょうし、また方言で話すことは恥ずかしいことでも何でもありません。都会の孤独とは理屈ではなく、生まれ育った場所とは違った空気感が生むものだと私は思っています。

東京に出てきて、たまに会う故郷の友人たち。彼らと一緒にいれば、心の底から安心できるでしょう。「おう、久しぶり！」と言った瞬間から心はほぐれていきます。同じ故郷で育った仲間。同じ空気を吸い、同じ食べ物を食べ、同じ価値観の中で生きてきた同郷の人と過ごす格別な時間。その安心感は他に代えることはできない貴重なものなのです。

都会に暮らしていますと、さまざまな場所から集まった人たちと付き合うことになります。もちろんそこには新しい発見という楽しさもありますが、ちょっとした違和感をもつこともあるでしょう。

大した違いでなくとも、完全には分かり合えない感覚がそこにはあります。その違いをいつも心のどこかで意識していることになります。そしてお互いにその違いを擦《す》り合わそうとするわけです。いつもどこかで歩み寄りながら付き合っている。小さなことではありますが、それが心のストレスになっている人もいるのではないでしょうか。

その違いが顕著に現れるのが食文化でしょう。同じ料理にしても、その味付けは地方によって大きく変わってきます。東京はお醤油の濃い味付けが多くて、関西は出汁《だし》と塩気がよく効きながらも薄味が主流とはよく言われます。出汁の取り方が違うのですから、味付けが変わってくるのは当たり前のことです。

東北の人の舌に沖縄料理が合うでしょうか。旅先で食べる分には美味《おい》しく感じるでしょうが、もしも毎日沖縄料理を出されたら、それはやっぱりつらいと思います。その逆もまたしかりです。

結婚相手は、できれば同郷の人がいい。私はそう思っています。今はＳＮＳ

などもありますから、日本全国の人との出会いがあるでしょう。また都市部の大企業などに就職すれば、そこには各地の出身者がいます。北国の人と南の島の人が結婚することも何も不思議ではありません。

しかし、これは何かの統計があるわけではありませんが、結婚相手には同郷の人を選ぶことが多いような気がするのです。理屈ではなく、同郷の人と一緒にいると、どこかに安心感が生まれてくるのでしょう。同じ川で遊んだ。同じ山に登った。同じ空気をこの人も吸ってきた。そう思うことで、不思議な心のつながりが生まれてくるのだと思います。

たとえ都会の中で窮屈な思いをしていても、家に帰れば自分の素《す》の姿を見せることができる人がいる。格好をつけなくても、無理に歩み寄らなくても、分かってくれる人がいてくれる。そんな安心感は、同じ故郷で育ったが故に生まれるのだと思います。

恋人の時ならば、互いに歩み寄ることもできます。結婚当初なら、妻がつくってくれる薄味の料理も、文句なく食べるでしょう。しかし長い結婚生活の中では、小さな不満は少しずつ大きくなっていきます。もっと濃い味付けのもののが食べたいと思うようになるでしょう。大したことではないと思われるかもしれませんが、食事の嗜好《しこう》は生きていくうえでとても大事なことです。

国際結婚した夫婦。よくあるのは晩年になった時、別々に食事をつくるようになることだといいます。長年、相手の国の習慣に合わせてきたのが、年を取ってくるとやはり昔、食べていた朝食がいい。自分用に味噌汁をつくり、白いご飯を炊《た》くことになるそうです。

都会で感じる孤独感の正体。それは意外と小さな生活習慣や文化の違いが生んでいます。都会で孤独を感じた時には、故郷の料理を食べることをおすすめします。

友達とのいい距離感とは

三十歳を迎える男性がいます。A君としましょう。A君は地元の大学の教育学部を卒業して東京の電機メーカーに就職しました。毎年お盆の時期には故郷に帰り、大学時代に仲の良かった仲間四人で会うことが楽しみでした。会社では営業を担当し、忙しい日々に疲れていましたが、そんな時に昔の友達に会うだけで元気が出ていました。ところが就職して六年も過ぎた頃から、何となく仲間との会話が楽しくなくなってきたのです。

教育学部の卒業ですから、A君以外の三人はみんな教師になっています。初めは教師を目指していたA君ですが、電機メーカーの仕事に魅力を感じるようになり、現在の会社を選んだのです。

さて、一年に一度の友人たちとの飲み会。初めのうちこそ懐かしい話に花を咲かせるのですが、すぐに話題は学校のことになってしまいます。A君以外は学校の先生なのですから、どうしても話題はそこになります。

そしてやがては学校や子供、保護者への不満の話になってくるのです。「本当に小学生は面倒くさいよ」などとA君に不平不満をぶつけてきます。学校のことなど分かりませんから、ただA君は相槌《あいづち》を打つだけ。何ともつまらない飲み会になってしまったのです。

そんな友達を見てA君は思います。学生の頃にはあれほど子供のことが大好きだったのに、あいつはすっかり変わってしまったという気持ちが芽生えてくるのでした。もう昔のあいつではない。来年はもう帰ってこないことにしよう。あれほど仲が良かったのですが、その友達がいなくなってしまったようで、Ａ君はとても寂しい気持ちになったそうです。

高校時代や大学時代の友達というのは、深い絆で結ばれていることでしょう。同じ学び舎《や》で過ごし、同じようなことに悩み、そして共に喜びを分かち合ってきた。あの頃はみんなが信じて疑いませんでした。この友達とはきっと一生付き合っていくだろうと思っていたのです。

しかし時は流れて、それぞれが別々の道を歩き始めます。故郷に残る者もいれば、都会に出ていく者もいます。仕事も違ってくれば、人生の目標なども違ってきます。いくら生涯の友達と思っていても、同じ人生を歩むことなどできないのです。

もちろん人間の本質は変わることはありません。しかし、表面的なことは変わっていくものです。置かれている状況や担《にな》っている役割によって、ものの見方や考え方は変わってきて当然です。そして、互いの共通するものがどんどん少なくなっていくことになります。それが大人になっていくということなのでしょう。

共通するものが少なくなれば、自ずと会話もスムーズに進まなくなります。何となく関係が悪くなったような気がしたりするかもしれません。

たとえば子育てに専念している女性と、独身で仕事をしている女性とでは、共通する話題は少ないでしょう。いくら学生の時は仲良しでも、そこに共通の話題がなければ関係は薄れていくものです。それは寂しいことでもありますが、一方で仕方のないことでもあります。

「諸行無常《しょぎょうむじょう》」。この世にあるすべての物事は、常に移り変わっているのです。この世のもので、ずっと留《とど》まっているものなど一つもありません。これは仏教の根本的な考え方ですが、人の心もまたこれと同じなのです。

「あいつは変わってしまったな」「あの子は昔とはまるで変わったわ」と、そんな言葉を聞くことがあります。変わって当たり前なのです。昔のままで何も変わっていないとすれば、そちらのほうが心配です。人は置かれた環境や状況によって変わるものだからです。

学生時代の友達と距離ができてしまった。もしもそう感じたのであれば、少しの間、距離を取ってみることです。無理をしてまで毎年会うこともありません。一年に一度は必ず会おうという約束などする必要もないのではないでしょうか。お互いに齟齬《そご》を感じているのであれば、そこに会わない時間をつくってみることです。

そうして数年という時間が経ったら、久しぶりに再会してみてはいかがでしょうか。何年も会っていないのにもかかわらず、まるで昨日も会ったような感覚に戻る。あの頃の気持ちが蘇《よみがえ》ってくる。会わなかった時間が嘘のように思える。それが本当の友達というものです。

もしも数年間の距離を置いたことで、二度と会わなくなったとしたら、それはそれでいいと思います。学生時代の友とはいっても、無理をしてまで会うこともないと思います。そういう縁だったということなのです。

友達とのいい距離感とはどういうものか。きっとそれは、お互いに無理をしない心の距離だと思います。いつも心にいなくてもいいのではないでしょうか。ふとした時に友達の笑顔を思い出す。それくらいがちょうどいいのかもしれません。

縁は平等に流れている

そろそろ結婚を意識する年齢を迎えた時に、肝心な相手がいないと焦りを感じる人もいるのではないでしょうか。出会いが少なかったり、仕事が忙しかったり、あるいは心を惹かれる人に出会わなかったり。理由はさまざまでしょうが、恋人がいないことで寂しさや孤独を感じている人もいると思います。

恋人がいない人がよく口にする言葉があります。それは「私には縁がない」「良い縁が自分のところにはやってきてくれない」という嘆《なげ》きです。これは昔から言われてきた言葉で、適齢期になっても結婚できない男女のことを「縁遠い」と言ったものです。

縁というものは、誰のもとにも平等に流れていると、仏教ではそう考えています。どんな人のもとにも流れてくる縁の数は同じです。しかし、その流れてくる縁をうまく捕まえる人もいれば、捕まえ損なう人もいます。

あるいは縁が自分のところに流れてきていることにさえ気づかない人もいる

ものです。要するに縁というものは、いかに自分の手で捕まえるかにかかっているのです。

恋人ができないと嘆いている人。その多くは、ただ良い縁が落っこちてくるのを待っているだけではないでしょうか。いつも受け身で、自分のほうから縁を結ぼうとする努力をしていないことが多いようです。残念ながらそれでは縁は結ばれません。

よく私は梅花の蕾《つぼみ》の話をします。冬が終わりかけ、もうそこに春がやってくるという季節。晴れた日に暖かな風が吹くと、蕾はパッと開きます。ところが花を咲かせる蕾と、なかなか咲かない蕾があるのです。同じ場所で育っているのにもかかわらず、咲くものと咲かないものが出てきます。それはどうしてでしょうか。春風を感じてすぐに花を咲かせる蕾は、いつ春風が吹いてもいいように準備をしていたのです。

一方で、春風が吹いても花を咲かせない蕾は、まだ春は来ないだろうと咲く準備をしていなかったのです。その差が大きな違いを生むことになるのです。

そして人間の縁というのもこれと同じです。いつ自分のところに縁が来てもいいように、いつも心の準備をしている人。そういう人は流れてくる縁をしっかりとつかむことができます。反対に縁を結ぼうとする準備をしていない人は、いつも流れてくる縁に気がつきません。

では、縁を結ぶ準備とはどういうことでしょう。常に恋人になりそうな人を探しているということでも、恋人がほしそうに振る舞うことでもありません。

縁を結ぶ準備とは、私は笑顔でいることだと思っています。初対面の相手に対しても、いつも仕事場で会っている人に対しても、にっこりと笑って言葉を交わす。別に相手に媚《こ》びるということとは違います。

笑顔というのは、人間の表情の中で最高のものです。笑顔の表情をつくれるのは人間だけ。そして何よりも、笑顔はすべての人がもっている宝物だということです。

せっかくもっている宝物。これを使わない手はありません。「おはようございます」という挨拶も、無表情で言われたらどう感じるでしょうか。挨拶は返しますが、きっとそこには心の交流は生まれないのではないでしょうか。

それとは反対に、「おはようございます」と笑顔で挨拶をされたら、それだけで嬉しい気持ちになりませんか。とても良い一日になりそうな気にもなってくるでしょう。

これは男性も女性も関係ありません。性別に関わりなく、やはり笑顔の素敵な人のところには素敵な縁が流れてきます。そんな笑顔の人と縁を結びたいと、周りにはたくさんの人が集まってくるでしょう。

恋人とは言っても、始まりは一つの人間関係です。まず、最初はお互いに良い印象をもつことから始まるのではないでしょうか。そして恋愛へと発展していくのだと思います。

最初から恋人を探そうとするのではなく、まずは温かな人間関係をつくるということ。その大きなきっかけになるのが笑顔なのです。

「和顔愛語《わげんあいご》」という禅語があります。いつもやわらかな笑顔で、そして心がこもった穏やかな言葉づかいをすること。お互いにそれを心がけていれば、そこには温かな関係が生まれてくるものです。

もしもお互いの感情がぶつかり合ったとしても、この言葉を思い出すことによって自然と気持ちは和らいでくるのではないでしょうか。

温かな笑顔と思いやりのこもった言葉。それは難しいことではありません。少しの心がけで誰にでもできることだと思います。この心がけが、きっと素敵な縁を結んでくれることになると思います。

いざという時に大事なつながり

二〇一一年春。東日本を大震災が襲いました。これまでに経験したことのないような揺れによって甚大《じんだい》な被害を受けたことは記憶に新しいでしょう。

都内に暮らすS子さんは五十歳少し前のキャリアウーマンです。結婚し子育ても一段落し、いよいよ自分の仕事に集中できる環境になってきました。たまたまその日、S子さんは有給休暇を取り、自宅マンションの部屋で一人くつろいでいたのです。そこに襲ってきた大地震。

揺れが収まると、S子さんはすぐに夫の会社に電話を入れました。幸い夫の会社では大きな被害が出ることもなく、夫も無事であることが確認できました。次に大学生になる息子の携帯電話にかけました。電話はつながりにくかったのですが、それでも三十分ほどすると息子の無事も確認できました。とりあえずホッとした気持ちになったのですが、その時S子さんの心には言いようのない孤独感と恐怖が襲ってきたといいます。

家の中は物が落ちて散乱しているのですが、自分も何とか無事です。しかし、いつまた強い余震が襲ってくるか分かりません。その時どう対処すればいいのか。会社にいればたくさんの同僚もいますから、もしもの場合でも誰かが助けてくれるでしょう。

しかし、家族がいてもこの瞬間の自分は、まったく一人ぼっち。もしも落ちてきた物が頭にでも当たって、気を失ったとしても誰も助けてはくれない、ということに気づいたのです。この地域には長く住んでいますが、助け合えるような友達は一人もおらず、このマンションの中で自分は孤立している。S子さんはしみじみとそのことを感じたのです。

女性も社会進出が進み、その人間関係は仕事の関係に集中するようになりました。専業主婦のようにママ友や地域の友達がいるわけではありません。会社以外の人間関係がどんどん希薄になっていく。かつて男性は地域社会での人間関係がないと言われていました。そのせいで定年退職後に社会から孤立してしまうと言われたのです。

女性もそれと同じような環境になってきたのでしょう。マンションの中で孤立することになるのです。隣にどんな人が暮らしているのかも知らないという状態です。まして大規模マンションであれば、同じマンションの住人かどうかさえ分からなかったりします。万が一の時に、頼る人も相談する人もいないということになります。若い頃はそれでもやっていけるでしょうが、年を取ってくると、やはり近くに友達がいないと不安になるものです。

S子さんにしても、もちろんSNSなどで連絡が取れる人はたくさんいます。しかし、多くの人が同時に急な災害に遭《あ》ったら、SNSで助けを求めても、救助は期待できないかもしれません。そばにいる地域の人たちを頼れたら心強いと思うのです。大規模地震はいつ起きてもおかしくないと言われていますし、他にもどんな災害に見舞われるか分かりません。つまり、いつ助けが必要になるか分からない中、日ごろから人間関係をつくっておくことが大切だと思うのです。

男性・女性に関係なく、地域社会とのつながりをしっかりとつくっておくことです。そしてつながりをつくるためには、挨拶こそが大事であると第1章でも書きました。もちろん挨拶は人間関係の基本ですから、大事なことは言うまでもありません。しかしそれだけでは足りません。挨拶から少しの会話に発展させてこそ、ようやく人間関係が生まれてくるのです。

たとえばこちらが「おはようございます」と挨拶をしますと、相手も「おはようございます」と挨拶を返してくれるでしょう。ただこれだけで終わると、それは単なる「顔見知り」になってしまいます。

この挨拶だけで終わるのではなく、相手が挨拶を返してくれた時に、もう一つ言葉をつないでみてはいかがでしょうか。相手が「おはようございます」と言った後、「今日も暑くなりそうですね」とか「昨日は電車のダイヤが乱れて大変でしたね」などと一言追加するのです。この一言を足すだけで、ただの挨拶が会話へと変わるのです。

挨拶だけ交わす人は、なかなか印象には残りません。挨拶はするのですが、「誰だったかな?」と名前を忘れられるかもしれません。しかし、ほんの少しでも会話をすれば、その人のことは頭の中に残ります。そして互いの頭に残っている人とは、自然と関係が近くなっていきます。

どんな会話でもいいのです。ちょっとした会話を重ねていれば、必ずそれが付き合いへと移っていく可能性が広がります。

地域社会の付き合いとは、なにも、深めていかなくてもいいと思っています。よほど気が合えば仲の良い友人になるでしょうが、無理をしてまで関係を深める必要はありません。会社の人間関係には束縛があります。いくら相手のことが嫌いでも、社内では付き合わなくてはいけないことになります。それがストレスにもなるのですが、地域社会の人間関係にはそれもありません。ほどほどの会話で、お互いに気楽に向き合えばそれで十分だと思います。

一緒にいるのに孤独を感じるのはなぜ

恋人と一緒にいるのですが、どこかで孤独を感じてしまう。夫婦二人でいるのですが、なぜか一人でいるような寂しさを覚えたりする、そう感じてしまう人もいるのではないでしょうか。ふと、そんな気持ちになったことはありませんか？　二人でいるのに孤独を感じてしまう。何となく哲学的ですが、実はその原因はとても子供っぽいものなのです。

恋人といるのですが孤独を感じてしまう。その原因は、相手は自分の気持ちや考え方と「一緒でなくてはいやだ」という思いがあるからではないでしょうか。夫婦でも同じです。夫婦なのですから考え方は一緒でなくてはいけないという思い込み。一緒に暮らしているのですから、食べる物も一緒でなくてはいけないという思い込み。そんなふうに思い込んでいるのです。

そして相手との間に齟齬が生まれますから、何とかそれを修正して同じにしようとします。たとえば考え方の違いが出てきた時に、その違いをなくそうとする気持ちが芽生えます。違っていてはいけないのだという気持ちです。そう考えて、相手の考え方を理解しようとするのであればいいのですが、たいていの場合は自分の考え方を押し付けようとして、それに失敗するのです。つまり、自分の力で相手の考え方を変えることができなかった時、そこに身勝手な孤独が生まれるのです。

反対に互いの考え方が違った時に、「まあ大したことではないから、相手の考え方に合わせてあげましょう」と思える人の心には、孤独感は生まれないのではないかと思います。そんな小さなことでいちいち孤独になっていたのではどうしようもありませんから。要するに「何でも一緒」という縛りつけを心から追い出すことです。

物事を二元的に捉えることを止めることです。私たちはついAかBかという発想をしがちです。「幸福なのか不幸なのか」「美しいか醜《みにく》いか」「良いことなのか悪いことなのか」「正しいことか間違っているのか」「裕福か貧乏か」などなど、あらゆることを二元的に捉え、そしてどちらか一方を選ばなくてはならないと思っています。

二つのうちどちらかという話になれば、いくら恋人同士でも夫婦でも、意見や考え方は違ってくるものです。そこでお互いの意見を主張し合ってばかりいますと、いつしか本質から目が逸《そ》れてしまいます。表面的なぶつかり合いだけに陥ってしまうのです。

たとえば夫婦で子供の教育について話をします。夫は「有名私立中学に行かせて、将来は医者にしたい」と言ったとします。一方の妻は「この子は音楽の才能があるから、将来は音楽大学に行かせたい」と言う。どちらも我が子の幸せを願うあまり主張をするのですが、子供にとっては迷惑な話かもしれません。

まずこの夫婦は、子供を医者にするか音楽家にするかのどちらかで、他の道はないのだと思い込んでいます。ここでの本質は、子供自身が何をやりたいか、本人が幸せを感じる道はどこか、であるはずです。結局、この夫婦は本質を見失って、表面的なAかBかだけの話をしているのです。真ん中にいる子供は、どう感じていることでしょう。

恋人同士も同じではないかと思います。結婚式を教会で挙げるか神社で挙げるか。振る舞う料理はフランス料理にするか日本料理にするか。そんなことはどちらでもいいのではないでしょうか。二人が本当に幸せを感じられるのであれば、それでいいのです。

お互いの考えや気持ちには違いがあります。別々の人間なのですからそれは当たり前のこと、そう考えることが自然なのです。その別々のものを、無理をして一緒にする必要はありません。別々のままでいいのです。行きたい場所が違うのであれば、別々に行けばいいことだと思います。

食べたいものが違った場合、どうしてもこれが食べたいと思うのであれば、それこそ別の店に入ってもいいと思うくらいです。もちろんこれは極端な話ですが、一緒であるべきだと思い込んでいる思考から解き放たれることが大事だということを伝えたいのです。

お互いが好きなことをすればいい。お互いの意思を尊重し合って、時には別々の道を歩いてもいい。結婚すれば、大きな道は二人で歩かなくてはなりませんが、時々現れる脇道は、行きたい人だけが行けばいいのです。そして少し脇道に逸れたとしても、やがては同じ大きな道に戻ってくればそれでいいのです。

そういう生き方をしていれば、やがて相手の存在が空気のように感じられてきます。空気というのはいちいち意識などしない存在です。しかし、空気がなければ私たちは生きていくことができないのです。夫婦とはそんな存在なのではないでしょうか。

二人で一緒にいても、何も気にならない。いるのかいないのかさえ分からない。私はこれこそが夫婦の辿りつくかたちなのではないか、と思っています。お互いの存在を空気のように感じていれば、そこに孤独は生まれてこないでしょう。

お寺が深めた二人の関係

かつてお寺は、地域の人たちの憩《いこ》いの場でもありました。村々に必ずあったお寺や神社。人々は何かにつけてそこに集まっていたものです。村人たちの話し合いが行われるのもお寺。子供たちは夕方暗くなるまで境内《けいだい》で遊んでいました。昔は寺子屋を開いていましたから教育の場でもありました。また、悩みを抱えた人たちは、住職のところに相談にやってきたものです。人生に迷った時に、その道標《みちしるべ》を示してくれるのもお寺でした。

身近にありながら、そこは少しだけ日常とは離れた場所でした。忙しい日々の中で、ふと自分自身を見直したりする場。家にいては考えられないことも、お寺にいるとゆっくりと考えることができます。そしてお寺は、自分の心の奥底にあるものを引き出してもくれる。そういう場所であり続けたいと私は願っています。

私が住職を務める寺のお檀家さんに若い女性の方がいました。時折お墓参りにいらっしゃる方で、とても清楚《せいそ》で素敵な女性です。ある時その女性がこんな話をしてくれました。

お付き合いを始めた男性がいました。結婚も意識するような相手ですが、どういうわけか彼は自分のことについてあまり話そうとしません。どのように育ったのか。小さい頃はどんな子供だったのか。特に知る必要もないでしょうが、それでも彼女は彼の子供の頃の話を聞きたかったのです。

ある時女性は、ご先祖のお墓参りに男性を伴ってお寺にやってきたのです。二人でお墓の掃除をし、花をお供えします。お線香をあげて手を合わせ終わった時、男性は静かに話を始めました。

「お寺に来ると、僕は祖母のことを思い出すんだ。母親を早く亡くしたから、僕は子供の頃から祖母に育てられたんだよ。母のお墓参りはいつも祖母と一緒だった。あの優しいお祖母ちゃんの顔が、お寺に来ると蘇ってくるんだ」

それは今まで聞いたこともなかった話でした。母親を早くに亡くしたことはもちろん知っていましたが、お祖母さんの話は聞いたことがありませんでした。もちろん彼はいつかは話そうと思っていたのでしょう。その「いつか」という日こそが、お墓参りの日だったのです。

お寺とは不思議な空間です。そこには日常とは少し離れた空気が漂《ただよ》っています。もしも彼の祖母の話を、都会の喫茶店で聞いていたらどうだったでしょう。きっとそれは、単なるプロフィールを話しているような感じを受けるのではないでしょうか。

もしかしたら彼は、単に自分が祖母に育てられたという事実だけを伝えるより、どれほど自分が祖母に感謝し、祖母のことが大好きだったかを彼女に伝えたかったのかもしれません。その気持ちを伝えることができる場こそが、お寺と思ったのでしょう。

彼の気持ちがよく伝わってきたと女性は言いました。その心をしっかりと受け止めたいと思ったそうです。このお墓参りの日、二人の関係は一気に深まっていったことでしょう。

人間関係の中で、そこにいる「場」というのはとても大事です。どのような場所にいるかによって人間関係も変わってきます。

たとえば、会社の中では敬遠したくなるような人もいるでしょう。仕事以外では、できれば会いたくないという感じの人です。

ところがそんな嫌だと思っていた人と、会社のテニスクラブで一緒になります。一緒にテニスを楽しんでいる時、その人は会社にいる時とはまるで別人のように感じます。仕事の中では厳しい口調で叱ったりするのですが、テニスでミスをしても怒るどころか、励ましてくれたりするのです。「この人にはこんな一面があったんだ」と初めて気づくことになります。

テニスクラブで接するその人のことが、だんだんと信頼できるようになってくるのです。それがひいては会社の中での関係も良くしてくれたりすることでしょう。これまでのように仕事で叱られても、不思議と腹が立たなくなってくるのです。

つまりこの場合、会社の中だけでその人を判断している。それが関係を悪くしている。こういうことは、往々にしてあるのではないでしょうか。

友達や恋人との関係が悪くなることもあるでしょう。関係が深まれば深まるほどに、互いの自我が出てきたりもします。

要するに、お互いにわがままになるのです。そして、小さなことでぶつかったりします。

そんな時には、これまでとは違う場所で会ってみてはいかがでしょうか。いつものカフェではなく、行ったこともないような場所に行ってみるのもいいのではないかと思います。二人の日常を離れた場所。不思議と冷静になったりするので、客観的に自分自身を振り返ることもできるかもしれません。少しだけ非日常的な空間に身を置くことで、二人の関係に新しいものが生まれたりするものです。

第4章

仕事と人間関係の悩み

職場で孤立する人たち

会社の中で人間関係に悩んでいる人もいることでしょう。同じ会社で働いていても、心から話せる同僚がいない。同じ部署の中で自分だけが仲間外れにされているように感じる。会社生活が楽しくないと感じている人は、意外に多いのではないでしょうか。もしも、このような不満をもっている人がいるのでしたら、私はその人に、「あなたは何のために会社に行っているのですか？」と聞くと思います。

会社とは趣味や好き嫌いで行く場所ではなく、そこにあなたがやるべき仕事があるから行くのではないでしょうか。職場に行って、与えられた仕事を一生懸命にこなす。それがひいては社会の役に立つことになります。その対価として、毎月お給料をもらうということです。

会社に行く目的とは、非常に明確でシンプルなものです。仕事を通して社会の役に立つため、そして生活に必要な収入を得るためです。

その目的をしっかりと見つめてさえいれば、同僚と分かり合えないとか、仲間外れにされているなどという気持ちは生まれてこないと思うのです。

もちろん仕事仲間と親しくできることに越したことはないでしょうけれども、基本に立ち返れば、同僚と深く分かり合う必要は特にないでしょう。仕事上の連絡や必要なやりとりができていれば、それで仕事は進むはずです。いくら仲良くなった同僚であっても、仕事上の連絡がうまくできていなければ、それは会社の人間としては失格ということになります。

また、仲間外れになっていると悩む人たち。そういう人は自らの仕事を振り返ってみることをおすすめします。あなた自身、与えられた仕事をしっかりとこなしているでしょうか。部署の中では達成しなければならない仕事があるはずです。その与えられた仕事を、役割分担しながら進めていかなければなりません。あなたは自分の役割をきちんとこなせているでしょうか。

少し厳しい言い方になるかもしれませんが、職場で孤立している人は、往々にして与えられた仕事をこなせていない場合があるようなのです。自らの役割を完璧にこなし、部署にいなくてはならない存在であれば、その人が孤立することはまずないでしょう。なぜなら、そんな優秀な人間を孤立させることは、会社にとってもマイナスになることは誰にでも分かるからです。

中にはコミュニケーションを取るのが苦手な人はいます。しかし、そのようなことを気にする必要はまったくないと思います。コミュニケーションが苦手だとしても、肝心なのは仕事ができるかできないかということです。

コミュニケーションには二通りあります。

一つは友人や恋人との間に生まれるコミュニケーションです。同僚と親しくなったり、上司や部下と楽しく話すことができたり、というものです。これは生まれつきや育った環境などによって、もっている人ともっていない人がいます。人付き合いが苦手だと思っている人の多くは、この感情が入ってくることが苦手なのでしょう。

そしてもう一つは、感情が入ってこない客観的なコミュニケーションです。好き嫌いなどの感情で関係をつくるのではなく、あくまでも何かの目的を達成するために必要なコミュニケーション能力、と言っていいでしょう。仕事で求められるのは、この後者の力ではないでしょうか。

ですから、むしろ自分は人付き合いが苦手だと思っている人のほうが、仕事上で求められるコミュニケーション能力が高い場合もあるのです。あれこれと感情的なことを考えることなく、目的を達成することに集中できる。会社で求められるのはこの能力なのだと思います。

もちろん両方のコミュニケーション能力をもっていれば、それに越したことはないでしょう。相手の気持ちも分かるでしょうし、冷静な判断もできる、ということになります。その二つを兼ね備えている人もいますが、たくさんはいないと思います。

会社は大学のサークルやボランティアの集まりとは異なります。社員が力を合わせて一つの目標を達成していく場所です。その第一義を忘れないことです。

たとえ上司と部下が人間的に合わなくても、お互いに嫌いだと思っていたとしても、二人が力を合わせることで大きな成果を生むことができるのであれば、それは社内ではベストパートナーという評価になるでしょう。それが会社というものです。

職場で孤立しない方法。それは与えられた仕事に一生懸命に取り組む姿勢をもつこと。そして努力して成果を出すこと。それを心がけておけば、孤立することなどはないと思います。むしろ、職場の中で必要不可欠な人材になるでしょう。

孤立ではなく、会社の中で孤独を感じている人がいるとすれば、おそらくその人は会社に求めるものを勘違いしているのではないかと思います。自分がやるべき仕事とは何か。そこに目を向けることで、余計な不安はなくなっていくことでしょう。

居場所は会社だけではありません

一日二十四時間。その中で、会社で過ごす時間は八時間が基本です。いや、残業などもあるでしょうから、十時間くらいは会社という場所にいることになります。さらに通勤時間が一時間あるとすれば、一日の半分は仕事の環境の中で過ごしていることになります。

人は、どうしても、自分が置かれた環境によって精神が左右されます。長い時間、会社にいると、精神的には常に会社に関わることになります。たとえば会社の中に嫌な上司や同僚がいるとしましょう。その上司や同僚と実際に関わっている時間は意外と少ないものです。一日中一緒にいるわけではありませんん。直接的に関わる時間は、せいぜい一時間くらいではないでしょうか。ところがその一時間がまるで地獄のような時間に感じられてしまいます。

しかも終業時間になって会社を出たにもかかわらず、まだ嫌いな上司や同僚のことが頭から離れません。振り払おうとしても思い出してしまうことが多いのではないでしょうか。まるで悪魔に取りつかれたようなものです。

思い出したくもないのですが思い出してしまう。忘れてしまえばいいと思っていてもなかなかできない。その原因は、自分自身の心が会社というものに執着しているからだと思います。自分と会社が一体化していると言ってもいいかもしれません。

自分がいるべき居場所は会社であり、そこにしか自分の居場所がない。そう思い込むことで、社内での出来事をずっと引きずっていることになります。

小学校や中学校で、いじめを受けた子供たちが不登校になることは珍しくありません。どうしてそこまで追い詰められてしまうのでしょうか。それは、子供たちが学校が唯一の居場所であると信じているからです。自分がいるべき唯一の居場所を失ってしまえば、もう自分が生きていける場所はないと思い込んでしまうのです。そんな心が自分自身を追い詰めることになるのでしょう。

大人もこれと同じです。自分の居場所は会社しかない、と思い込んでしまうこと。もしも唯一の居場所である会社を失ってしまえば、もう自分が生きていく場所はない。居場所を失いたくないという気持ちから自分に無理をしてしまいます。時に自分の気持ちに嘘をついてまで周りに合わせようとします。

そんなことが長年積もれば、やがては心を壊すことになります。まず知っておくことは、あなたの居場所は会社だけではないということです。この世界の中にあなたの居場所はたくさんあると言っていいでしょう。そして、その居場所を見つける努力も必要であるということです。

「結界《けっかい》」という言葉があります。これは魔物が入ってこないように護《まも》っている地域のことを意味しますが、平たく言えばあの世とこの世を隔《へだ》てること。別々の世界を分ける境界線みたいなものです。

この「結界」を生活の中につくっておくことです。たとえば会社を出て、家路に向かいます。会社の最寄り駅までの道のりで、気分を一新することはなかなか難しい。どうしてもその日に会社であった出来事を思い出してしまうことになるでしょう。「やり残した仕事が一つあったな」「上司のあの言葉にはカチンときたな」などと、どうしてもその日のことを思い出してしまいます。仕事が順調に進まなかった日であれば、なおさらです。

満員電車に揺られていてもなお、今日の出来事が頭を過《よぎ》ります。車内で開いた文庫本もなかなか頭に入ってきません。そして自宅の最寄り駅に着く。その先に見える改札口。その改札口を自分の「結界」だと決めてみてはいかがでしょうか。この改札を抜ければ、もうそこは別の世界です。その日に会社であった出来事など、まったく頭から消え去ってしまう。ここから先は会社とはいっさい関係のない世界だと、自分自身でそう決めることです。

別世界に入った道は、会社に向かう道とはまるで風景が違います。街灯に照らされた草木は、夜にもかかわらずとても美しく見えます。その道の先には自分を待ってくれている家族がいます。門を通り抜けてチャイムを鳴らす。扉の向こうからは子供たちの声が聞こえてきます。ドアが開いて「おかえりなさい」という言葉を聞いた瞬間、もうそこにはすっかり別世界が広がっているのです。

人間にはいくつかの居場所が必要です。「会社こそが自分の唯一の居場所だ」「自分の居場所は家族の中にしかない」。そんなふうに言い切れることは、また幸せなことかもしれません。それだけ会社や仕事を愛し、家族を大切に思っているからこそ言える言葉でしょう。

しかし、その居場所はけっして永遠のものではありません。会社とはいずれ縁が切れます。家族のかたちも時が経てば変わります。ずっと変わらないままにある場所。そんな場所は存在しないことを知っておかなければなりません。

仕事の「へそ」が見えているかどうか

職場で孤立する原因は二つ。それは仕事と人間関係です。もしも仕事で孤立を招いているのであれば、解決するために改善していくしかありません。

すべての物事には、「へそ」というものが存在しています。へそとはつまり、物事の中心であり、核心にあたる部分のことです。世の中の物事のへそを見極めること。禅の修行とはそれこそが目的でもあるのです。

さて、どんな仕事にももっとも大切なへそがあります。一つの仕事を完結させるためにはさまざまな作業がありますが、その中でももっとも重要とされる作業が必ずあります。それこそが仕事のへそです。言い方を換えれば仕事の「重要ポイント」とでも言えるでしょう。

たとえば、仕事ができると言われている人がいます。その人の仕事の進め方をよく観察してみてください。きっとその人は、最短距離で一つの仕事のゴールに向かっているはずです。無駄な動きがいっさいありません。ひたすらに仕事のゴールに向かって進めていることでしょう。要するに仕事ができる人というのは、自分がやるべき仕事のへそがしっかりと見えているのです。このような人は職場で孤立することはまずありません。性格がどうであれ、少なくとも周りからは頼りにされているものです。

一方で仕事のできない人というのは、仕事のへそが見えていません。今、いちばん重要なことは何か。自分がやるべき優先事項は何か。それが見えていないから、どうしても遠回りばかりしてしまいます。そしてその人の仕事が遅れることで、周りの人たちへ迷惑がかかってしまうことになるのです。そんなことが続けば、やがては職場の中で孤立していくことになるでしょう。

もしも自分は仕事のへそが見えないというのであれば、仕事のできる人をよく観察して、そこから学び取ることです。素直に「この仕事で最優先すべき作業は何ですか」と聞いても構いません。それは恥ずかしいことでも何でもありません。仕事のへそが分かっていないのに、分かっているようなふりをすることこそが恥ずかしいことだと私は思います。

人間関係もまた同じです。人間関係がうまくいかない。人付き合いが苦手だという人がいます。人付き合いに上手も下手もないと私は思っています。それはどこかで、自分は人付き合いが苦手だという言い訳をしているのではないでしょうか。人付き合いが下手だと思うのであれば、そして、上手になりたいと思うのであれば、自分自身が努力をすることです。

人間関係にもへそがあります。相手が自分に何を望んでいるのか。相手の期待に応えるために自分は何をするべきなのか。それをしっかりと見極める努力を惜しまないことです。

禅の修行においても、そのことを常に考えています。老師が発した言葉。その言葉を深く考えながら、老師が私に何を伝えようとしているのかを探ります。言葉ではこう言ったけれど、老師の本心は別のところにあるのだろうか。老師の言葉のへそを必死になって探していくことになります。

教える立場の老師にしても、常に弟子の心を読む努力をしています。この弟子に、私の本心がはたして伝わっただろうか。どこまで私が言ったことを理解しているのだろうか。お互いに真剣に向き合い、お互いのへそを見つけようとしているのです。じっと相手の目を見ながら、全人格をかけてお互いに向き合っている。これが重要な修行となっているのです。

もちろん会社の人間関係は禅の修行ではありませんが、できる限り相手の心を読み解く努力をすることです。

人付き合いの上手・下手とは、表面的なテクニックなどではありません。言葉が少なくても、しっかりと相手の心と向き合うことができること。相手の立場になって自分に求められていることを見極めること。その心がけさえあれば、職場で孤立することはないと思います。

上司とうまくいかない人たちへ

会社という組織の中には、必ず上司の存在があります。これそのものは、もう逃れることはできません。上司といえば何となく避けたくなるような存在に感じる人も多いでしょう。しかし、うまく付き合えば仕事をよく教えてくれますから、いかに上手に上司と付き合っていくかが、自分の力を伸ばす大きなポイントとなります。お互いに客観的に相手を見ながら、目標達成に向かって仕事をしていくこと。余計な感情など入ってこない。そんな関係を築ければいいのですが、やはりそこは人間関係の厄介なところ。どうしてもお互い、好き嫌いの感情が入ってくるものです。ほんのちょっとした苦手意識が上司と部下との関係を邪魔したりすることになるでしょう。これが酷《ひど》くなった時、どちらかが組織の中で孤立することになるのです。

お釈迦様の教えの中に「諸行無常《しょぎょうむじょう》」というものがあります。一〇四ページにも書きましたが、「無常」というのは仏教の根本的な考え方で、世の中のすべてのことは常に移ろいでいるという考え方です。常なるものなど無であると。一つのところに留まっているものなど何もないということです。

会社という組織も同じです。今の上司がこの先、十年も二十年もずっと代わらないということはありません。普通の会社であれば、人事異動は数年ごとにあるでしょう。つまり、目の前にいる苦手な上司も、数年あなたが我慢すれば必ずどこかに移っていくということです。その前に自分のほうが別の部署に異動することもあるかもしれません。いずれにしても、一生付き合うわけではありません。会社を一歩出たら、もう上司のことなどさっぱり忘れて、自分の楽しい時間の中に身を置けばいいのです。

会社帰りに同僚と飲みながら、上司の悪口を言っている人がいます。これは無意味な時間だと思いませんか。せっかく同僚と楽しいお酒を飲んでいるのですから、そこで「ダメな上司」のことを思い出すことはありません。頭の中からすっかり追い出してしまうことです。

人間には自我というものがあります。自我がない人は存在しません。しかし、あまり自我が強過ぎると、必ず衝突することになります。簡単に言えば「けんか」とは「自我」のぶつかり合い、自己主張の押しつけ合いなのです。

この「自我」を少しだけ抑えて、相手の立場に立って考えてみることです。悪いのは上司のほうだと決めつけずに、「本当にそうなのだろうか。もしかしたら、自分のほうにも衝突する原因があるのかもしれない」と考えてみる。人間関係の中では、一方的にどちらかが悪いということは稀《まれ》だからです。ほとんどの場合はお互い様で世の中はできています。お釈迦様が教えるのは、この「お互い様」の心なのです。

部下との向き合い方

セクシュアルハラスメントやパワーハラスメントということに、とても神経を使う社会になっています。各社の人事部はこの問題と向き合うために必死です。ハラスメントという言葉がまるで流行語のようになり、今では「〇〇ハラスメント」という言葉が二〇種類近くもあると聞きます。

そういう中で、ハラスメントを受けた側ではなく、ハラスメントを訴えられた側の人間が苦しんでいるという例も後を絶ちません。特に部下からパワハラだと訴えられた上司は、もうなす術はありません。たとえそれが部下を思ってのことだったとしても、訴えられればそこでアウトです。会社の評判に神経質な人事部は、すぐさまそういう上司を異動させることになるのでしょう。

実際にパワハラで部署を追われた四十代後半の部長さんから相談を受けたことがあります。Bさんとしましょう。Bさんは中堅建設会社の部長職として仕事をしていました。一〇人の部下を率いるバリバリの営業マンです。そのBさんがある日突然に部下からパワハラを訴えられ、それがもとになって営業から外されることになったのです。

お会いしてみると、Bさんはとても真っ直ぐな心の持ち主であることが分かりました。本当に部下思いで、何とか一〇人の部下たちを一人前にしてやりたいという気持ちが伝わってきます。

自分がこれまでやってきた仕事のノウハウを、できる限り部下たちに伝えてやりたい。会社の中で評価されるような営業マンに育ててやりたい。その一心で部下たちと向き合ってきたと言います。

それが結果として、部下にとっては厳しいパワハラだと感じさせることになったのです。Bさんは自分がやってきた仕事のやり方を部下に押し付けていたようです。自分が若い頃には夜の九時、十時まで仕事をするのは当たり前だった。その努力のおかげで部長にまで上り詰めることができた。同じように一〇人の部下たちも出世してほしい。そんな気持ちをストレートに伝えようとしたのです。

一〇人の部下の中で、二人の部下はBさんの厳しい指導についてきてくれました。Bさんの仕事のやり方や考え方に賛同していたのです。しかしその他の八人にとっては、Bさんの指導は苦痛でしかありませんでした。

ここでBさんを勘違いさせたのは、二人の部下がついてきてくれたことです。もしも一〇人全員がBさんのやり方を拒否していたのであれば、さすがのBさんも指導の方法を考え直したでしょう。しかし、ついてきてくれる部下もいる。であれば、他の部下たちも必ずついてきてくれるはずだと信じて行動をしていたのです。これが大きな間違いだったのです。

やがて耐えられなくなった八人の部下が、人事部に訴えることになります。Bさんについていった二人の部下も、やはり同僚との関係を軽んじるわけにはいきません。Bさんのやり方に賛同しつつも、仲間の側につきました。それは当たり前のことでしょう。そしてとうとう、Bさんだけが部署を追われることになったのです。

「一箇半箇《いちこはんこ》」という禅語があります。道元《どうげん》禅師が天童山《てんどうざん》の如浄《にょじょう》禅師から「一箇半箇を接得《せっとく》して吾《わ》が宗《しゅう》をして断絶せしむることなかれ」と言われて帰朝したと伝えられています。

一箇は一人、半箇は半人を表しています。これは、本当に伝える人間は数少なくていい。師が弟子たちに伝えるべきことはたくさんあります。たとえ一人でもいいから、すべての教えを徹底的に伝えるように努めなさい。そういう教えなのです。

それこそが将来の発展につながり、宗派を守ることにつながっていくのだということです。「一箇半箇」とはそういう意味なのです。

職場の上司と部下も同じだと私は思います。上司はそれぞれに部下への思いをもっています。誰もが部下の成長を願っていると思います。しかし、すべての部下に自分の思いを伝えることなど到底できません。

また受け取る側の部下にしても、それぞれの個性や考え方があります。ですから、たとえ上司が同じ言葉を発したとしても、それをすんなりと受け入れる部下もいれば、反発を感じる部下もいることでしょう。それが組織というものです。

十人十色の部下たちにいかに伝えていくか。そこに心を砕《くだ》くことです。

いい人と思われなくてもいい

職場の中で孤立したくない。みんなとうまくやっていきたい。みんなに嫌われたくない。できれば誰からも好かれたい。そんな思いが強いばかりに、つい自分に無理を強《し》いる人もいることでしょう。「あの人はとってもいい人だね」

と、そう思われたいために無理をしている人たちのことです。

人から頼まれることが多い、と言う人がいます。仕事の中でも、いつも同僚や先輩から仕事の手伝いを頼まれたりする人です。

「ちょっとこの仕事を手伝ってもらえないかな」「ごめん、私今日はどうしても行かなくてはいけない約束があるから、この仕事を明日までにやっておいてくれないかな」と、夕方の終業時間間際《まぎわ》に手を合わせて頼まれる、といった感じです。

そう頼まれれば、何となく断るのが悪いような気持ちになってしまうでしょう。自分も早く帰りたい気持ちがあっても、まあ二時間くらいの残業ならいいかと引き受けてしまいます。

そんな時、心のどこかで、自分が頼りにされていることを喜んだりしているのではないでしょうか。みんなが私に頼みごとをしてくるというのは、私がみんなから信頼され、好かれているからなんだとの思いが、頭のどこかにあるのかもしれません。

いつも仕事を手伝ってくれるあなたのことを「いい人」だと周りの人は褒《ほ》め

るでしょう。しかしそれはプラスの評価とは限りません。「都合のいい人」と思われている可能性もあります。

頼まれごとを断りきれない人。どうしてはっきりと断ることができないのでしょう。それは、もしも断ってしまえば、そこで人間関係が終わるかもしれないという不安があるからではないでしょうか。せっかく手伝ってと頼んでくれたのですから、それを断るのはその人の信頼を裏切ることになるとの思いが頭を過《よぎ》るからです。とてもまじめで誠意のある人であるからこそ、そんなふうに考えてしまうのでしょう。

頼まれごとというのは、基本的にはフィフティー・フィフティーでなければいけないと思います。特に職場ではこれが原則でしょう。お互いに頼んだり頼まれたりする。手伝ったり手伝ってもらったりする。その配分は半々であるべきでしょう。どちらか一方に負担が増えてしまえば、それは仕事仲間ではなく主従関係になっていくからです。

「この仕事を手伝ってくれないかな」と頼まれた時には、まずは頼まれた仕事の全体を客観的に眺めてみることです。その分量はどれくらいのものなのか。

はたしてどれくらいの自分の時間が奪われるのか。それらを客観的に見て、自分が手伝えるだけの仕事を引き受けること。「この部分なら二時間あればできますよ。でもその他の仕事を引き受けるのは、今の私の状況では無理です」と、はっきりと伝えることです。

もしも頼まれたことが自分の得意なことで、時間もかからずにできるのであれば、それは手伝ってあげればいいでしょう。

しかし、無理をして引き受けてしまい、結果として期日までにできなかった時はどうなるでしょうか。頼んだその人にとっても、頼まれた自分にとってもそれはマイナスになります。安請《やすう》け合いすることで、かえって周りに迷惑をかけてしまうことになります。それだけは仕事のうえでは気をつけなくてはいけないのです。できないことは無理だとはっきりと伝えること。それこそが信頼というものなのです。

いつも頼まれごとをする「いい人」がいます。そしてその「いい人」をうまく利用しようとする人もいます。どちらが悪いのでしょうか。おそらく多くの人は、頼んでばかりいる人のほうを悪く思うでしょう。誰かを利用することで自分だけが得をしようとするからです。自分の仕事を減らそうと、うまく同僚に仕事を振ったりする人です。そんな計算高い人もいるものです。

こういう関係の場合、悪いのは両方なのではないでしょうか。どちらかが一方的に悪いということはありません。相手を利用して頼みごとをする人も悪いし、それを断ることなく引き受けるほうも悪いのです。

頼むほうの人間は、頼みやすいターゲットを探しています。都合のいい人が見つかれば、集中的にその人に向かっていきます。

もしも周りに都合のいい人が見つからなければ、その仕事は自分でやるしかありません。とはいえ、そうなっても本人にとって、結果として仕事の能力を伸ばすことにつながっていくことになります。

昼行灯の意外な価値

「夏炉冬扇《かろとうせん》」という禅語があります。これは読んで字のごとく「夏の炉」と「冬の扇子《せんす》」を表しています。夏の暑い時には炉は必要がありません。また冬の寒い時に扇子など必要がありません。その時に不要なものを示す言葉です。

この「夏炉冬扇」と同じように使われるのが「昼行灯」です。明るい昼間に行灯はつけません。もしついていれば、それは意味のないもの。同じように用がない物や不要な人間を表す言葉として使われます。

この言い方を使って、昼行灯社員などという言い方をすることがありました。要するに、会社や部署にとって何の用もなさない社員のことです。会社には出てきますが、さっぱり仕事の成果が出ない。一日中デスクに向かってはいるものの、いったいどんな仕事をしているかも分からない。彼らは会社のお荷物と言われている。そんな社員がいるでしょう。そんな昼行灯社員はいつしか孤立していきます。

高度経済成長期のような上り坂の時代であれば、少々成果が出せなくても、周囲からの目はそれほど厳しくはなかったでしょう。仕事の成果はさっぱりですが、宴会になるとはりきる「宴会部長」なる人たちもいたものです。その人も含めて、同じ会社の仲間だとみんなが思っていました。

ところが今やそういうのんびりとした時代ではなくなってしまいました。とにかく成果を出すことが社員に求められている時代です。社内での競争も激しくなり、みんながピリピリと仕事をしています。

もちろんビジネスの世界ですから、成果が求められるのは当然のことです。一人一人の社員が成果を出すことによって会社の成長があるわけですから、それを否定することはできません。

しかし、そんな状況の中で、私たちはつい大切なことを忘れてしまいがちです。それは、一つの成果を挙げるためには、一人の力ではできないということ。表面的には一人の力のように思えても、必ずそこにはサポートをしてくれている同僚や部下たちがいるものです。昼行灯社員と揶揄《やゆ》されながらも、一生懸命に縁の下の力持ちを演じてくれる社員が必ずいます。そのことを忘れてはいけないのです。

そしてもう一つは、成果を出し続けている人間は、実際にはいないということです。確かに大きな成果を挙げる社員もいれば、小さな成果しか挙げられない社員もいるでしょう。しかし長いスパンで眺めてみれば、常に大きな成果を挙げ続ける社員は滅多にいるものではありません。十年、二十年という時間で見れば、ほとんどの社員の成果は横並びになるような気がするのです。

たまたま今、成果が挙がらないという社員はいるでしょう。努力はしているのに成果に結びつかない。努力の方向が少し違っているのか、あるいは状況に恵まれないだけなのか。とにかく一生懸命にやっても仕事の成果が上がらないという人です。しかし、そんな社員を安易に排除してはいけないのではないでしょうか。たった一年成果が出ないくらいで昼行灯社員というレッテルを貼ってはいけないと思います。運、不運は糾《あざな》える縄のようなものです。今が調子よくても、いつそれが暗転するかは分かりません。

つまり、いつ自分が昼行灯社員というレッテルを貼られるかは分からないのです。調子が悪い人間がいるのであれば、調子が良い人間が手を差し伸べることです。誰かに差し伸べた手は、いつか自分のところに返ってくるでしょう。自分の調子が悪くなった時、手を差し伸べてくれる人が現れるのではないかと思います。同じ職場の中で誰かを孤立させることは、すなわちみんなが孤立に怯《おび》える職場を生み出すことになります。孤立と孤独の連鎖が始まっていくのです。

「夏炉冬扇」と「昼行灯」。用のない物、役に立たない人間。ついそのように解釈しがちですが、この言葉の本来の意味は、不必要なものということではないのです。

今は役に立たない時であっても、いつかきっとそれが役に立つ時がくる。暑い夏だから炉はいらない。そう思って炉を捨てる人はいません。冬に扇子は使わないからといって、冬がくるたびに扇子を捨てる人はいないでしょう。それらはまた時がくれば必要な物になるからです。

また役に立つ日がやってくるまで、炉や扇子は大切に仕舞われています。きちんと手入れをして保管されています。人間もまたこれと同じなのです。

今は職場の中で目立った活躍はできていない存在で、みんなのお荷物になっている気がする。それでも、きっといつかみんなの役に立つ時がくることがあるでしょう。その時のために、常に自分自身を高める努力をし続けることです。自信を失ってはいけません。まったく役に立たない人間など、この世にはいないのですから。

転職を考えた時

一昔前から比べると、今では転職をする人が増えてきたようです。一度入った会社に定年まで勤めるのが当たり前だった頃に比べれば、とても自由で流動的な世の中になったと感じます。もちろん転職をすることの善《よ》し悪《あ》しについて述べるつもりはありません。個々人が自分の責任において決めるべきことでしょう。

ただし、安易に転職を考える前に、どうして自分は転職をしたいのかを冷静に考えてみることは大事なことです。「自分がやりたいと思っている仕事ができない」「自分にはもっとレベルの高い仕事がふさわしい」「職場の人間関係がしっくりこない」「職場の人たちと共に仕事をしていく気になれない」。おそらくはこのような理由で転職を考える人が多いのではないでしょうか。

自分がやりたいと思っている仕事。それがやれるようになるまでには、おそらく誰しも十年はかかるでしょう。

人間関係においても同じことが言えるでしょう。自分のほうから心を開くことをしないで、周りからの善意ばかりを待っているという状態です。自分は何もできないのにもかかわらず、それを周りの人のせいにばかりしている人たちです。今の会社を辞めて別の会社に行くことを考えるのは、転職ではなく、単に逃げ出しているだけではないでしょうか。

「大地黄金《だいちおうごん》」という言葉が道元禅師の『正法眼蔵《しょうぼうげんぞう》』の中に記されています。私のいる場所はここではない。もっと他に素晴らしい場所があるはずだ。そう考えて人々は新しい場所を追い求めます。きっとどこかに黄金に輝く地があるはずだと思い込むのです。しかし、そんなものはどこにもないのだと道元禅師は教えています。

黄金に輝く大地。それは自分がいるべき最高の場所。その場所は自らの心の中にあるのだと言っていいでしょう。今、自分が生きている場所。その場所でできる限りの努力をしていくこと。たとえうまくいかない時があったとしても、それを誰かのせいにするのではなく、自身の力で乗り越えていく努力を惜しまない。苦しいからといって逃げ出すのではなく、その苦しみさえも受け入れながら立ち向かっていく、そのような姿勢が何よりも大事です。そんな努力を積み重ねることで、今いる場所が黄金に輝いてくるという教えなのです。

「今の会社ではやりたい仕事ができない」。では、やりたい仕事とはいったい何なのでしょうか。どんな仕事でも、与えられた仕事を一生懸命にこなしていくことで、いつしかそれが「やりたい仕事」に育っていくのです。つまり、やりたい仕事というのは初めからあるものではなく、キャリアを積み重ねるうちに自分自身の内部から生まれてくるものだと私は思っています。

ある時、会社に就職して一年という女性が相談にやってきました。希望した会社に入ったのですが、一年経っても雑用しかやらせてもらえないと言うのです。同僚たちはいろんな仕事をさせてもらえるのですが、私だけが雑用ばかりと感じている、と言っていました。「もう我慢も限界なので転職しようと思っています」。せっかく自らが希望した会社に就職したにもかかわらず、来る日も来る日も雑用ばかり。彼女が焦るのもよく分かります。そのうえで私は言いました。

「それは精神的にもしんどいかもしれませんね。転職をするのも一つの方法だと思いますが、あと三カ月だけ頑張ってみてはどうでしょうか。あと三カ月したら今の会社を辞める。そう思って今の仕事に一生懸命に取り組んでみてください。きっと違う何かが見えてくると思いますよ。それに、もう一つ言っておくと、雑用という仕事はないですよ。どんな仕事にも必ず意味がある。雑用と決めているのはあなたの心ではないでしょうか」

彼女はハッとしたような表情になりました。その表情を見た時、彼女はもう大丈夫だと私は感じたものです。私の言葉から、何か大切なことに気づいたのだと思います。

翌日からその女性は、与えられた「雑用」と一生懸命に向き合ったそうです。コピーを取って会議の資料をつくることに励みました。どうすればより見やすい資料になるか、自ら考え、工夫をしたそうです。

これまでは何も考えずにやっていた仕事ですが、自分なりの工夫を凝《こ》らしながらやるようになったということです。また、どんな「つまらない」仕事を頼まれても、笑顔で「分かりました」と返事をするように心がけたのです。結果として、彼女のところには重要な仕事が舞い込んでくるようになりました。三カ月が経った頃、彼女の心にはもう転職の文字はありませんでした。自分の努力によって、彼女は黄金の職場をつくったのです。

もちろんあまりにも理不尽な職場は代わったほうがいいでしょう。心を病《や》んでしまっては元も子もありません。しかしそうでないのであれば、あと三カ月だけ頑張ってみてはいかがでしょう。きっと別の風景が見えてくるのではないでしょうか。

第5章
孤独との付き合い方

心を分かち合える場所

禅では「同事《どうじ》」という言葉があります。「同時」ではなく、同じ事と書いて「同事」です。この言葉の意味は、相手と同じ立場に立って考えなければ、本当に気持ちを分かち合うことはできないという意味です。

小学生の我が子を、交通事故で亡くした夫婦がいました。小学校が大好きだった男の子。大きなランドセルを背負って、毎日楽しそうに学校に通っていました。そんな我が子の姿を見て、両親は心の底から我が子の成長を喜んでいました。その矢先、不幸な事故に見舞われて男の子は旅立っていったのです。

夫婦の悲しみは相当なものでした。特に母親の悲しみは深く、四十九日の法要が終わってご埋葬されても、週に一度は必ずお墓参りに訪れていました。お父さんは会社に行かなくてはなりませんので、その時間だけは多少なりとも悲しみを紛《まぎ》らわせることができます。しかし家に一人でいるお母さんは、二十四時間悲しみと向き合うことになります。

そうして三カ月ほどが経った頃、一人でお墓参りにいらしていた母親の姿を見て、私は少し驚きました。そこにはすっかり憔悴《しょうすい》しきった母親の姿があったのです。まるで亡霊のように無表情で歩くその姿に、私は何とか声をおかけしなくてはいけないという気持ちになったのです。

「悲しいでしょうが、少しずつ前を向いてください。それがお子さんへの何よりのご供養ですから」

私がそう言うと、彼女の目からは一気に涙が溢《あふ》れました。

「周りは私のことを心配して優しくしてくれます。つらいですねと言葉をかけてくれます。それでも、私のこの悲しみを分かってくれる人はいません。まるで私一人が、世の中から取り残されたようなのです」

悲しみや苦しみにもがいている人を見て、周りの人たちは「さぞつらいでしょうね」「あなたの悲しみはよく分かります」と声をかけてくれます。もちろん本心から励まそうとして言ってくれているのですが、どこかその言葉には心がありません。それは当たり前のことです。

我が子を亡くした悲しみは、同じ経験をした者にしか分からないからです。

もしも自分も我が子を亡くしたとしたら、と想像すればいくらかは理解できるでしょうが、所詮それは頭で理解しているだけのことです。本当に悲しみを分かち合えるのは、同じ悲しみや苦しみを味わった者同士だけではないでしょうか。つまり、「同事」です。

私はその母親に、「世の中には、お子さんを亡くされた親はたくさんいます。同じように事故で家族を亡くした人も数えきれないくらいいると思います。そういう人が集まるところに行ってみてはいかがでしょうか。同じ悲しみを抱える人たちと一緒に、思いっきり涙を流すことです」とお話をしました。

私の提案を受け入れて、その夫婦は交通事故で家族を失った集まりに参加するようになりました。そして、その「同事」の場で心を分かち合うことで、少しずつ元気を取り戻していったのです。

「同病相哀《どうびょうあいあわ》れむ」という言葉があります。同じ境遇に苦しんでいる人たちが、お互いに慰《なぐさ》め合うということです。

「傷口を舐《な》め合う」などと表現することもあるでしょう。そう聞くと、何となくマイナスの印象をもってしまいます。それは情けないことで、自分の弱さをさらけ出しているみたいだと思えるからです。

しかし、私はそうは思いません。慰め合うことはマイナスでもなければ、弱いことでもないと思います。それはつらい人生の道のりにおいて、誰もが求めることであり、誰もが必要とするものだと思います。

悲しみや苦しみ。それらを自分だけの力で乗り越えることはとても難しいものです。いっさい弱音など吐《は》くことなく、誰からの慰めも必要としない。そんな強がりを言う人もいるかもしれませんが、きっとそれは本心からの言葉ではないでしょう。誰もが「同事」を探しながら生きているのです。

孤独感というのも、一人で抱えてはいけないものです。孤独を感じている人は世の中にたくさんいるはずです。自分一人だけが孤独に苦しんでいるわけではないのです。

それを勘違いして、自分だけが取り残されたと思い込んでしまうのです。その思い込みによって、その思いはどんどん深くなっていきます。同じ孤独感をもっている人はあなたの近くにも必ずいます。まずはそういう人を探すことです。そして一人でも見つかれば、もうあなたは孤独ではなくなると思います。

寂しさの正体

寂しいという感情は誰もがもつものです。特に大きな理由などなくても、どこかに寂しさを感じることはよくあるものです。寂しさを生み出す原因は数知れずあります。部屋の中に一人でいることが寂しい。遠く離れた両親に会えないことが寂しい。別れた恋人を思い出しては寂しさが募《つの》ってくる。

抱えきれないほど大きな寂しさから、すぐに通り過ぎてしまうような小さな寂しさまで、私たちが感じている寂しさのほとんどは、実は自分の心が生み出しているものなのです。

たとえば田舎の両親のことを思い出して寂しくなることがあるでしょう。これは言ってみれば、両親のことを思い出すから寂しくなるわけです。あるいは別れた恋人のことを思い出して寂しさが募るのは、恋人のことを思い出すからです。

極端なことを言えば、思い出さなければ寂しくはなりません。寂しくなる理由は、自分の心が生み出しているに過ぎないということです。

しかし、そんなふうに書けば、あまりにも非情に思われるでしょう。確かに恋人のことをさっぱりと忘れることができたら、もう寂しくはないかもしれません。そんなことはよく分かっていることでしょう。しかし、実際にはなかなか忘れることはできない、それが実情ではないでしょうか。まして、遠く離れた両親に会いたいという気持ちはとても大切なものです。その気持ちを否定することなど誰もできるものではありません。

では、どうすれば、襲ってくる寂しさから逃れることができるのでしょうか。その答えの一つは、実は身体を動かすことなのです。

日々の中にはやるべきことがたくさんあります。そこに心を集中させて、一生懸命に取り組んでいくこと、それが寂しさから逃れることのできる一番の方法です。少なくとも何かに夢中になって身体を動かしている時に、寂しさという感情が襲ってくることはないでしょう。

一人前の禅僧になるために修行をする「雲水《うんすい》」たち。一昔前の時代には、まだ幼い雲水もたくさんいました。かつては、自分が望まなくても、親が寺に預けることもありました。まだ幼い子供ですから、親元を離れることは不安でいっぱいだったでしょう。母親の下《もと》に走って帰りたいと思うこともあったと思います。しかしほとんどの場合、雲水たちは寂しさを克服し、厳しい修行を全うしました。

雲水の修行生活は、朝の四時くらいから始まります。雪が降る真冬でも、坐禅、朝のお勤め、そして夜明け前から境内の掃除をします。冷たい水で雑巾を絞り、寺の廊下をぴかぴかに磨き上げます。

その後、やっと朝ごはんをいただき、昼間はそれぞれの与えられた仕事を行い、午後には晩課《ばんか》というお勤めを行い、時には托鉢《たくはつ》に出かけたりもします。夜には夜坐《やざ》という坐禅を行います。

そのような一日を過ごすと、就寝時間になると、もう雲水たちはヘトヘトです。一日中休むことなく身体を動かしているからです。どの作業も修行の一環ですから、手を抜くことはできません。すべての神経を集中させて、一日のやるべきことと向き合う。そのような生活の中に、寂しさなどという感情が入り込む隙間《すきま》はないのです。

夜に床《とこ》に就《つ》けば、ふと田舎の母親を思い出し、早く会いたいと寂しさが襲ってくることもあるでしょう。しかし、疲れた身体は眠ることを要求しています。寂しさに包まれる前に、雲水たちは深い眠りに落ちていくのです。

どうしようもない寂しさに襲われた時には、その寂しさと真正面から向き合わないほうがいいのではないかと思います。その寂しさを少しだけ脇に置き、目の前にあるやるべきことに集中することです。仕事が忙しい時に、人は寂しさなど感じることはないでしょう。それは仕事に心が真っ直ぐに向かっているからです。

家の中でじっとしていると、向こうのほうから寂しさが近づいてきます。寂しさが近づく前に、家を飛び出してみることです。近所の公園に散歩に行くのもいいでしょう。シューズを履きかえて、軽いジョギングに出かけるのもいいでしょう。

人間は、身体を動かしながら深く考えるという作業はできないのです。全速力で走りながら、算数の計算をすることはできません。プールのコースを全力で泳ぎながら、何かについて悩むことなどできないのです。

身体を動かすことを止めて、襲ってくる寂しさを正面から受け止めてしまうと、その寂しさはどんどん心の中で大きくなっていきます。どうしようもないくらいそれは膨《ふく》らんでいくことになります。そうなる前に、自分の身体を使って寂しさを追い出してしまうことです。

孤独はずっとは続かない

孤独には二通りの場面があるのではないかと思います。

一つ目は、まさに物理的に一人でいる時。もう一つは、誰かと一緒にいる中で襲ってくる孤独です。

いちばん分かりやすいのは、たとえば言葉の通じない外国に一人でいると、そこには孤独感が生まれるでしょう。誰も知り合いがいないという状態です。コミュニケーションを取りたくても言葉が分からない。その国の生活習慣も分からない状態であれば、どのように行動すればいいかも分かりません。そこにはたくさんの人がいるのにもかかわらず、自分だけが異質なもののように感じてしまうことでしょう。

海外でのこのような経験はまだしも、同じ日本人の中で起きてしまうとなればどうでしょう。同じ会社で働いていても、自分だけが浮いた存在になっているように感じる。あるいは、たくさんの友達がそこにいても、誰も自分に目を向けてくれない。他者の中に身を置くことで生まれる孤独。これがいちばん苦しいものではないかと思います。

集団の中から生まれる孤独感。その最たるものがいじめでしょう。小学校や中学校でいじめに悩んでいる子供たちはたくさんいます。これは大人の社会でも同じことではないでしょうか。

いじめの問題は子供の世界だけではありません。大人となった社会人の中でもいじめは進行していると言えましょう。

しかし、やはりいじめによって孤独を生み出しては絶対にいけないのです。

ある精神科医は、小学生でいじめを受けている生徒に向かって、このような話をするそうです。

「今、君は○○小学校という電車に乗っているんだよ。でもね、その電車は各駅停車なんだ。四年生になれば、電車の中の友達の半分くらいは別の電車に乗り換えていく。五年生の駅に着けば、今度は君が別の電車に乗り換えるかもしれない。そしてその次は、君が行きたいと思う中学という駅に向かえばいい。今、同じ電車に乗っている友達のほとんどは、終点まで一緒じゃないよ」というものです。

これはとても分かりやすい話だと思います。いじめや人間関係で苦しんでいる人たちはたくさんいるでしょう。そしてそのほとんどの人は、今の人間関係が永遠に続くと誤解をしています。

自分のことをいじめる友達と一生付き合わなくてはいけない。自分と合わない同僚や友人が、自分の目の前から消えることはないと思い込んでしまうのです。それはまったく違います。いつでも電車を降りても構いません。次の駅で下車し、別の電車に乗り換えてもいいのです。

人間関係とは、移り変わっていくものなのです。

付き合う人間が変わることもあるでしょうし、同じ相手でも互いに変化することもあります。良い人間関係も、そして悪い人間関係も、永遠には続くことはないでしょう。一つの人間関係だけに閉じ込められることなどないのです。まずは自分の心を解き放つことです。嫌な相手の存在があるのだとしたら、そんな相手からは目を背けていればいいのです。最低限の会話だけで済ませればいいのではないでしょうか。放っておいても、その人間はいずれあなたの前から姿を消すことになるでしょう。

それでも、次の駅まで待てない。せっかく次の駅に着いたのにもかかわらず、嫌な人間は降りてはくれなかった。またしばらく同じ電車に乗らなくてはならない。まいったなと。

そう思うのでしたら、少し視点を変えてみてはいかがでしょう。どうせ同じ電車に乗っているのであれば、少しだけその関係を変えてみる努力をしてみてください。

ここで大事なことは、相手をあなたの思うように変えることはできないということです。

関係性を変えたいと思うのであれば、まずはあなた自身を変えることです。いじめっ子に対して、いじめっ子でなくなることを望むのは無理なことです。

そうであるならば、自分自身がいじめられないように変わっていくしかありません。

他人に対して期待するのは所詮無理なことです。期待すべきは自分自身なのです。もっと自分に期待してください。

どうせ自分なんてと思わずに、自分を変える努力をしてください。その力は誰にでも備《そな》わっています。すべての人間は、自分の意思で変わることができるのではないでしょうか。その強さが人間には備わっているのです。

錯覚なのかもしれない

みんなは楽しそうにしているのに、どうして自分だけが孤独に感じてしまうのか。何とかしてこの孤独感から逃れたい。もしそのように思っている人がいるとすれば、私はその人たちに聞いてみたいことがあります。

「あなたの言う孤独とは何ですか?」「いったい何をもって孤独と言っているのでしょうか」という質問です。

おそらく明確な答えをもっている人などいないでしょう。ほとんどの人は「友達が少ないから」「恋人ができないから」などという表面的な答えしかもっていないのではないでしょうか。つまり、孤独とは何かを深く考えたことがないのだと思います。

休日になっても一緒に過ごす友達がいない。クリスマスの日を共に過ごす恋人がいない。それがはたして孤独と言えるのでしょうか。本当に極端な言い方をすれば、そんなことはどうでもいいことだと思います。友達の数が少ない。そのことと幸福感や満足感とは何の関係もありません。

ところが、友達が少ないことが幸せではないと決めつけている人がいます。それは思い込みに過ぎないのではないでしょうか。要するに孤独を錯覚しているのです。

孤独のスパイラルに陥りそうになった時には、ともかく視点を変えてみることです。私たちの目に見えていること、それらはけっして真実ではありません。物事の見方は実にたくさんあります。一方的な角度から見るのではなく、視点を変えて見ることです。

たとえば私たち人間は川や海を見ると、それは水としか捉えていません。川の水は飲むものであって、海の水もまた人間の営みを支えてくれるもの。川や海は人間にとっては水にしか映《うつ》りません。

しかし、水の中に住む魚にとってはどうでしょう。同じ水ではありますが、魚にとってそこは家なのです。人間が家を建てて暮らしているように、魚たちも水草にくるまれて暮らしている。人間にとっての川と、魚にとっての川とは、まるで別のものなのです。人間の視点と魚の視点、あるいは犬や猫の視点と鳥たちの視点。それぞれの視点があって世の中は形づくられているのです。

すべての物事は、見る角度によって違ったものに見えるものです。それは人の心も同じことです。まったく同じ経験をしても、その経験を嬉しく感じる人もいれば、悪い経験だと捉える人もいるでしょう。捉え方や感じ方ひとつで、私たちを取り巻く世界は大きく変わってくるのです。

心がざわついた時、一つの思い込みにとらわれた時、自分の視点を変えたいと思った時、私は坐禅をすすめています。背筋をまっすぐに伸ばして、おへその少し下の丹田《たんでん》に意識を集中させて静かに座る時間です。そしてまずは、ゆっくりと息を吐きます。呼吸の「呼」とは息を吐くこと、「吸」は息を吸うことです。「呼」が最初にきているということは、呼吸とはすなわち息を吐くことから始まるのです。息を吐き切れば、放っておいても人間は息を吸おうとします。身体が要求するのに倣《なら》って息をゆっくりと吸う。これが坐禅の基本です。

目を半眼《はんがん》にして、何も考えないようにする。頭にはいろんなことが浮かんでくるでしょう。それこそ「ああ、自分は孤独だな」とか「明日は誰を誘おうかな」など、余計なことも頭には浮かんでくるものです。それでもいいのです。大切なことは、頭に浮かんできたものにしがみつかないで、さらっと頭から追い出すことです。「孤独だな」と思っても、すぐにそれに取り合わないことです。頭に浮かんだ心配事や不安感などに執着さえしなければ、たいていのことは心から流れていくものです。

坐禅とは孤独な時間です。お寺の坐禅会などにはたくさんの人が訪れます。みんなで坐禅を組んでいても、静かに呼吸を整えて座れば、もうそこには孤独の世界が広がっています。この一時こそが気持ちを和らげてくれるのです。そして坐禅の時間が終わり、振り返ると、そこにはたくさんの人の姿があります。見ず知らずの人たちであっても、そこには確かな人間同士の温かさがあります。その温かさに触れた時、人は孤独という錯覚から抜け出すことができるのです。

西行《さいぎょう》さんは一人、山に籠《こも》って修行に励んでいました。自然の中で自らの生き方を考える。幸福とは何かを考える。これが閑居《かんきょ》の生活です。

しかし西行さんは、ずっと山に籠ってはいませんでした。さすがの西行さんも、時には人恋しくなったのでしょう。数カ月に一度は山を下りて、親しい友を訪ねたといいます。そこで一晩酒を酌《く》み交《か》わし、ワイワイと楽しんでいた。そして翌日には再び山へと帰っていったそうです。日々の生活は基本的には孤独なものと言っていいでしょう。しかし時々、友と会い同じ時間を過ごす。それくらいでいいのではないかと思います。

みんなから好かれたいという気持ち

人は誰しも、周りの人から好かれたいと願っています。「別に嫌われても構わない」と言う人もいますが、それは言葉だけのことで、本心ではみんなから好かれたいと思っているものです。私たちは社会的動物なのですから、好かれたいという願望をもつのは当たり前のことです。もしも、みんなが本心から嫌われてもいいと思っているとしたら、この社会は成り立たないでしょう。好かれたいという気持ちは至極《しごく》当たり前のものだと思います。

好かれたいという気持ちが強ければ、同じように嫌われたくないという気持ちも強くなります。ところが、すべての人たちが自分のことを好きになってくれることなどありません。嫌われることもあるのが当然と言っていいかもしれません。

しかし、嫌われることに敏感になっていると、たとえ一人からでも嫌われることを恐れるようになってしまいます。たった一人に嫌われただけであっても、まるでみんなが自分のことを嫌っているように感じる、という状態が生まれてしまうのです。

そのような時に、何とかして好かれたいと思い、自分自身に無理をしてしまうことがあると思います。しかし、このような場合は、好かれようとする気持ちが空回りし、結果としてさらに嫌われてしまう、ということになりかねません。

さらに厄介なことに、人はつい色眼鏡《いろめがね》でその人のことを判断しようとします。たとえば誰か一人があなたのことを嫌いだと思っているとしましょう。その人があなたの悪口を周りの人に言ったとします。するとそれを聞いた周りの人たちは、あなたのことを色眼鏡をかけて見るようになります。これが先入観というものです。

そして、自分がよく知らない人からも、理由なく嫌われるということが起きてしまうことがあるのです。これが突然、襲ってくる孤独へとつながっていくことになります。まったく、人付き合いというものは厄介なものだと思います。

好き嫌いは誰にでもあるものです。自分に関わる人すべてを好きになることなどあり得ませんし、またそんなことをしなくても構いません。ちょっと苦手だなと感じる人がいるとしたら、無理をせずに表面的な付き合いだけをしていればいいのです。苦手だと思う人にまで好かれようとするから、どこかに無理が出てしまうのです。

かといって、わざわざ嫌いな人をたくさんつくることもありません。人間とは不思議なもので、自分が好きだなと思っている人には、自然とその気持ちが通じるものです。その気持ちが通じれば、相手もまたこちらのことを好きになってくれます。少なくともこちらが好きな人から嫌われることは滅多にありません。反対にこちらが嫌いだと思っていれば、その気持ちもまた相手には分かってしまいます。そうなれば、相手もまたこちらのことを快くは思いません。

ということはつまり、たくさんの人から好かれたいと願うのであれば、自分のほうから周りの人を好きになることです。もちろん全面的に大好きにならなくても構いません。その人の良い部分に目を向けることで、少なくとも嫌いという感情には蓋《ふた》ができます。

そうして「嫌いな人」を減らしていくよう心がけてみることです。誰かのことを色眼鏡で見ることなく、あなた自身のまっさらな目でその人の良いところを見つけること。結局、人間関係の基本はそこにあるのだと思います。

さらに付け加えれば、「好かれたい」という気持ちばかりをもたないことです。特別に好かれなくてもいいですから、「嫌われなければいい」という気持ちでいることです。

誰かから好かれるということ。実はこれはとても難しいことなのです。こちらのほうが好かれようといくら努力をしても、好き嫌いを決めるのは相手です。相手が決めることですから、こちらがコントロールすることはできません。反対にこちらは何の努力もしていなくても、勝手に相手が好きになってくれるということも時にはあるでしょう。好き嫌いというのは感情です。他人の感情をコントロールすることなど、初めから無理なのです。

相手から好かれることは簡単なことではありませんが、嫌われないようにすることは、案外簡単にできるものなのです。たとえば、会った時にはこちらから笑顔で挨拶をすることは大変良いことでしょう。余計なことは言わないで、自我を押し通そうとしないように心がけることが重要でしょう。特別に目立つような言動をわざわざしなくてもいいのです。たったそれだけの心がけで、誰かから嫌われることはグッと減っていくことになると思います。

存在感の薄い人がいます。「そんな人いたっけ?」などと言われる人も中にはいることでしょう。しかし、実はその存在感の薄い人が嫌われていることはありません。特別に好かれていなくても、嫌われていることもないのです。

嫌われないようにすることは、少しの心がけで誰にでもできます。それくらいでいいのではないでしょうか。そして、存在感が薄いと言われている人も、必ず存在を認めてくれる場所はあります。この世に透明人間などいないのです。

孤独があなたを豊かにしてくれる

情報が溢れている時代です。常に手にもっているスマートフォンから流れてくる情報は留まることがありません。その押し寄せる情報にどっぷりと浸《つ》かってしまうと、いつしか自分の力で考えることが危うくなってくるような気がするのです。

人間の能力が、利便性を優先させるあまり、退化しているような気がしてなりません。スマホの中にはたくさんの電話番号が登録されています。話したい相手の名前を打ち込めば、それだけで電話はつながります。素晴らしく便利な道具です。

私が若かった頃には、必要な相手の電話番号は頭に入っていました。小さな住所録も持ち歩いていましたが、それでも大切な人の番号はすべて覚えていたものです。それは私の記憶力が良かったということではありません。多くの人たちが同じようにたくさんの電話番号を記憶していました。

また、誰かの家を訪ねる時も、道順はすべて覚えていたものです。初めて行く時には、しっかりと周りの景色を頭に刻み込みながら、その道順を覚えようとしていたのです。したがって、一度行ったことのある場所は、次からは簡単に行くことができました。今や、そんな道順など覚えなくても、スマホのナビや車のナビが教えてくれます。

私は現代の便利な機器を否定しているわけではありません。私も仕事ではパソコンを使いますし、スマホももっています。しかし、それらの機器に振り回されないように心がけています。パソコンやスマホを使うのは仕事で必要な時だけです。私たち禅僧には日々のお勤めがありますから、現実的にスマホなどを眺めている暇など限られています。必要最低限の時だけ便利な道具に頼る。そしてそれらが必要のない時には、画面を見ることはありません。そんな無駄な時間があるのであれば、他に考えるべきことは山ほどあるからです。

現代社会では、物事を深く考えることができない。そんな人間が増えているような気がします。物事を深く考えなくなるとどうなるのでしょうか。一つには一方的な見方しかできなくなります。流れてくる情報を鵜呑みにして、それ以外の情報をシャットアウトしてしまうことになるでしょう。その結果として偏《かたよ》った考え方しかできなくなります。

あるいは流れてくる情報を次から次へと取り入れようとすることで、いったい自分の本当の考え方はどこにあるかが分からなくなってきます。いつも他人の考え方に引きずられ、他人の受け売りをするようになります。それは自分の人生を生きているのではなく、誰か他の人の人生を生きていることと同じではないでしょうか。

人生の中にはさまざまな選択肢が待ち受けています。言うなれば人生とは選択の連続なのです。今の仕事を続けるか、それとも辞めるか。この人と結婚するかしないか。自分の歩むべき道は、はたしてこの道でいいのか。目の前には大切な選択肢が次から次へと現れてきます。そんな時、どのようにして歩むべき道を選ぶのでしょうか。その答えはスマホのアプリの中には入っていません。一生懸命に検索しても、そこに答えなど見つかるはずがありません。選択するのは自分自身なのです。そして自分が選択した限りは自分が責任をもたなくてはならない、ということになります。時には選択を間違うこともあるでしょうが、それとて自分自身の責任です。あなたの人生を生きているのは「あなた自身」なのですから。

人が生きていくためには、知識と知恵が求められます。どちらも大切なものです。知識を手に入れるためにスマホを開く。それは悪いことではありません。そこに出てくる知識を取捨選択して、自分に取り入れればいいということでしょう。しかし、そこに知恵は表示されません。なぜならば、知恵というものは自身が考えることでしか生まれてこないからです。誰かから知恵を授《さず》けてもらうことはあるでしょうが、それでもそこには自分自身の頭で考えるという作業が求められるはずです。

知恵とは単に記憶するものではありません。知識を上手に使いながら、自分の考え方を足していくことで、初めて生まれてくるものです。言い換えれば、知識とは人生を歩んでいくための地図。知恵とはその人生の道を照らしてくれる明かりということになるでしょう。

現代社会だからこそ、一人の時間を大切にしてほしいと思います。誰からも邪魔されることもない。スマホからも自由に解き放たれる時間です。そんな時間をもつことで、私たちは自らの人生について考えることができるのです。

そしてその孤独な時間こそが、きっとあなたを成長させてくれるはずです。これから先、どの道を歩むべきかを教えてくれますし、何が自分の人生にとって大切なのかを示してくれるのです。溢れる情報を冷静になって眺めることです。そこに一〇〇の情報が流れていたとしても、本当にあなたにとって必要なものは一か二くらいのものだと気づいてください。

勝ち負けにこだわらない

現代は競争社会だと言われています。「勝ち組」「負け組」などという言葉も少し前の時代には使われていました。かつての日本ではこのようなことはありませんでした。競い合うことはあっても、その結果だけを重視することはなかったのではないかと思います。勝ちも負けもなく、互いに幸せを感じることができればそれでよし。

ところがアメリカ型の価値観の影響を受けるとともに、日本も企業をはじめ社会全体が、今やすっかり過激な競争社会になってしまったようです。勝ち負けだけを重視すれば、そこには人の分断が生まれます。それが「勝ち組・負け組」という発想です。誰もが勝ち組になりたいと思います。その結果として、たとえ相手を傷つけようと、勝つためには何でもする、ということになりかねません。負けるほうが悪いのだと信じている状態が生まれてきます。そのような社会には温かな人間関係が存在することはなくなってしまうでしょう。

さらに言えば、ずっと勝ち続けることなどできるはずはありません。今は勝ち組にいたとしても、いつ負け組になるかは分かりません。そうなると、いつしか負け組に落ちぶれるという恐怖感がつきまといます。一瞬たりとも気を抜いてはいけない状態が続くことになります。弱みを見せてはいけない。この心理が孤独を生み出しているのだと思います。

たとえ勝ったとしても、そこに満足感は生まれてこないのではないでしょうか。それどころか、次も勝たなければならないという、プレッシャーが襲ってくることになるでしょう。他人のことなど考えている暇などない。社会からの孤立はここから生まれるのではないかと思います。

そういう意味では、もしかしたら負け組の人たちのほうが心は穏やかでいられるのかもしれません。競争に敗れて負け組になる。しかし、ふと周りを見渡せば、そこにはたくさんの負け組の人たちがいることでしょう。そういう人たちと心を通わせることで、そこに温かな絆が生まれたりもします。

わざわざ負け組になる必要はありませんが、たとえ負けたとしても、それで人生が終わるわけではありません。競争に敗れたとしても、それは一つの競争に負けただけのことです。人生の勝負に負けたわけではありません。

私たちはこの世に生を受けただけで、大変有り難い存在なのです。言い方を換えれば、もうすでに勝ち組としての存在なのかもしれません。生きているという有難さに目を向ければ、小さな勝ち負けなど、どうでもよくなるものです。

「切磋琢磨《せっさたくま》」という言葉があります。この言葉は、「競争」とは根本的に違う意味をもっています。競争というのは、単に勝ち負けを決めるだけのものです。結果が決まればそれでおしまいです。一つの競争が終わっても、また新しい競争が始まる。心身をすり減らすような競争は留まるところを知りません。

一方で、切磋琢磨とはそういう競争とはまったく別のものです。いちばんの違いは何か。それは、競争している相手が仲間であるということです。表面上はお互いに競い合っているように映るかもしれません。しかし、その目的は勝ち負けを決めるものではありません。目的はただ一つ、お互いの能力をお互いに刺激し合いながら伸ばしていくことにあるのです。

禅僧の修行時代とは大変厳しいものです。相当な精神力と覚悟がなければ耐えられるものではありません。いや、その精神力があってもなお、脱落していく修行僧もいるものです。

それほど厳しい修行を、どうして乗り越えることができるのか。それは仲間がいるからです。互いに励まし合って、厳しい修行を共に乗り越えていく仲間。その仲間と共に切磋琢磨しながら修行を重ねているのです。

私の修行時代、同じ時期に入門を許された雲水が何十人といました。その中で同日に安居した人たちを「同日安居《どうじつあんご》」と呼びます。一日でも早く入門を許された雲水は、当然、自分たちより後に入門してきた雲水より、少しでも多く習得していかなければなりません。私の同日安居は四人。それが一組になって、古参《こさん》和尚が出した課題を覚えなければならないことがありました。四人で切磋琢磨しながら覚えなさいというものです。若かった私にはまだその真意が分からず、四人で競争することだと考えていたのです。たくさんの修行僧の中で良い評価を得たいという気持ちは、みんなどこかにあったと思います。

さて、四人の中で私ともう二人は、与えられた課題をすぐに覚えることができました。ところがもう一人はなかなか覚えることができません。覚えるということが苦手だったようなのです。

そして、成果を古参の和尚の前で披露する日がきました。私ともう二人は、すらすらと和尚の問いに答えることができました。しかし残る一人は、なかなか和尚の問いに答えることができませんでした。与えられた期日までに覚えられなかったのですから、きっと彼は叱られるだろうなと私は思っていました。

しかし、古参和尚が叱ったのは覚えられなかった人間ではなく、完璧に覚えていた私ともう二人の人間だったのです。「お前たち三人は、どうして彼に教えてやらなかったのか。自分さえできればそれでいいのか。お前がやっていることは切磋琢磨ではない」と一喝《いっかつ》されました。

この一言で目が覚めました。私たちは勝ち負けを決めるために競い合っているのではない。互いを高めていくために競い合っている。そう気づかされたのです。

人はどうして死を恐れるのか

人間にとって、もっとも恐ろしいこと。それは言うまでもなく死ぬことだと思います。死への恐怖は拭《ぬぐ》うことができません。それは修行を重ねてきた高僧であっても同じことでしょう。昔の話ですが、誰からも尊敬される、臨済宗《りんざいしゅう》の禅僧、仙厓和尚《せんがいおしょう》を紹介します。仙厓和尚はたくさんの禅画《ぜんが》を残しています。

その画風は、軽妙洒脱《しゃだつ》にしてほのぼの。どれもが温かさ、優しさを感じさせます。狂歌《きょうか》を詠《よ》むことにも通じており、こちらも多くの作品が残っています。

仙厓和尚は人々の尊敬を集め、もう生き仏のようになっていました。もちろん死というものに対しても、達観《たっかん》していた和尚です。

その臨終の言葉は、どのような思いから発せられたでしょう。仙厓和尚の死が間近に迫ってきました。見守る弟子たちは、みんなこう思っていました。「きっとあれほどの師匠なのだから、死を恐れることなどないだろう。心静かに死を迎えられるにちがいない」。騒ぐこともせず、抵抗することもせず、静かに死を受け入れる。悟りを開いた禅僧とはそういうものだと思っていたそうです。

ところがその仙厓和尚がまさに死を迎えようとした時、和尚の口からは予想もしなかった言葉が発せられたのです。「死にとうない」という言葉です。これほどの立派な禅僧でさえ、最期には「死にたくない」という言葉を残したのです。臨終の言葉は、さて、どのような思いから発せられたのでしょう。ちなみに、あの一休さん（一休宗純《そうじゅん》禅師）も同じ言葉を残したとも伝えられています。どちらも、高い心の境地に達していた方です。それほどの禅僧が、旅立ちの際に「死にたくない」という思いをもっていた、この世に未練を残していた、とは考えられません。

そうであるとすれば、「死にとうない」には、何か別の意味や思いがあったはずです。ここからは、私の勝手な解釈です。

禅の修行には終わりというものがありません。修行は永遠に続くのです。お二人はそのことを伝えたかったのかもしれません。

「自分も、まだまだ修行が足りん。もう少し、この世で修行を続けたいものだ。死ぬには早過ぎるかもしれん」

そうした思いを「死にとうない」に込めたのではないでしょうか。

つまり、弟子や後に続く人たちに向けて、修行に満足することがあってはいけない、という考えをこの言葉で残した、という解釈です。

では、どうして私たちは死を恐れるのでしょう。それは誰もが経験することではありますが、生きている人間は誰一人として経験したことがないからです。想像することさえできない。まるで暗闇の中に投げ出されるような恐怖感があるからだと思います。

そして、その暗闇の中には深い孤独が待ち受けている、ということでしょう。もしかしたら死への恐怖心と、孤独への恐怖心は通じるものがあるのかもしれません。死ぬ時はたった一人きりです。それは究極の孤独でもあります。真に一人きりになるという恐ろしさが、死への恐怖であるのかもしれません。

私が住職となったのは平成十三年のことでした。それ以前は、父である先代の住職の下《もと》で修行を重ねていました。もうかれこれ四十年、私は僧侶として日々を送ってきたのです。

数えきれないほどの死と向き合ってきました。医師ではありませんから、旅立つその時は知り得ませんが、仏様へと導くお手伝いをしてきました。その中でいつも感じていたことは、死はあまりにも突然にやってくるということです。どのような亡くなり方であっても、死を迎えるその日は突然にやってくるのです。

お檀家さんで七十代の女性がいました。とてもお元気な女性で、毎日のジョギングは欠かすことなく、週に二度はプールで泳いでいたという方です。ところがある朝、ジョギングの最中に心筋梗塞《しんきんこうそく》で倒れ、その日に亡くなってしまったのです。あまりに突然のことでした。ご家族もすぐにはその死を受け入れることはできなかったと言います。

しかし、それが死というものなのです。医学的に安楽死をさせない限り、死はいつも突然にやってきます。いつ自分のところにお迎えがやってきてもおかしくはありません。常に死を意識する必要はありません。常に怯える必要もないでしょう。それでも、それはいつきてもおかしくないという心構えをもって生きることだと思います。

私は常にその気持ちをもって生きてきました。特別に死を恐れながら生きているわけではありませんが、少なくとも心の片隅に常に死を置いています。ですから、今日にできることは、可能な限り今日やるように心がけています。もう疲れたから明日やろう。自分に甘えて、今日できることを明日に持ち越すという気持ちも心の片隅には芽生えてきます。ついそういう甘えが出てきます。しかし、明日という日が絶対にくるとは限りません。夜に就寝して、そのまま目が覚めないかもしれません。極端な考え方ではありますが、それくらい生きているということは奇跡的なことなのです。

いま自分がやるべきことは何なのか。今日という一日をどのように生きるのか。いつもその思いをもちながら生きていくように、自らに言い聞かせています。そこにこそ豊かな人生があるのです。無為《むい》に過ごしていては、時間がただ過ぎ去っていくだけです。大切な命を精一杯に生きることです。それさえできていれば、生きることは孤独ではなくなります。

「日々是好日《にちにちこれこうにち》」という禅語があります。

私たちはつい、今日は良い一日だった、今日は最悪の一日だったなどと比較したりします。

しかし、日々の中に良い日も悪い日もありません。昨日と今日を比べても意味がありません。それらは比べるものではなく、すべてがその日にしか経験できない尊い一日なのです。それを良い日であると思って生きていくということになるのです。

今日という日はたった一度しか訪れません。今日という日が過ぎてしまえば、もう二度とやってくることはありません。であるからこそ、その一日に集中して、大切に生きること。それを教えてくれる言葉なのです。

人生とは、実は平凡な日々の繰り返しです。特別な一日など、そうあるものではありません。楽しい日や嬉しい日よりも、もしかしたら苦しい日や悲しい日のほうが多いかもしれないでしょう。それでも私たちは、どんな日でも前を向いて生きていくことが大事なのです。

あとがき

人間は生まれる時も旅立つ時も一人です。どんなに愛する人であっても、それを共にすることはできません。そういう意味で人間とは、本来は孤独であることが自然な姿なのです。

本書の「まえがき」でそのように書きました。私たちは本来、孤独な存在である。それが真理ではないかと思います。

本来、人間とは孤独な存在です。であるからこそ、人との温かなつながりを大切にしなければいけないと思います。いかに孤独な存在であったとしても、所詮は一人きりであることを知っていても、私たちは一人では生きてはいけません。

たくさんの人たちと関わり、その中に絆を結びながら生きていく。自分のところに流れてくるご縁を結びながら、互いに心を寄せ合って生きていくこと。それが人生というものなのです。

「一期《いちご》一会《いちえ》」という有名な禅の言葉があります。おそらくほとんどの人が聞いたことがある禅語ではないでしょうか。

「一期」というのは、人間の一生を意味しています。そして「一会」とは、たった一度きりの出会いのことを言います。長い人生の中での、たった一度きりの出会い。たとえ同じ場所で同じ人と同じ条件の下で会ったとしても、そこに流れている時間も天候も、お互いの心の状態も異なっています。

ですから、その出会いはもう二度とやってこないということです。私たちは日々にたくさんの出会いを経験していますが、実はそのすべては、たった一度きりの出会いであるのです。

その奇跡的な出会いというものを大切にすることです。二度と戻ってこない、この一瞬で過ぎ去った時間は戻すことができません。その一瞬にしか共に過ごすことができないその人との出会いに感謝をすることです。今という、一瞬を愛おしむことが大事なのです。

「後悔、先に立たず」という言葉があります。私たちはやがてこの世から去っていきます。そしてその日はいつやってくるかは分かりません。その日を恐れる必要はありませんが、その日がやってくることを忘れてはいけないのです。

自分の大切な人が、突然に旅立ってしまうこともあるでしょう。その時に後悔しないために、今という瞬間に心を注《そそ》ぐことです。

そろそろ母親に電話でもしてみようかな。そう思ったら、すぐに行動に移すことです。明日でもいいや、と先延ばしにしてしまうことがあるかもしれません。しかし、過ぎ去った時は二度と戻ってくることはありません。そして、その「明日」はもしかしたら、こないかもしれません。今という一瞬を大切に生きること。今、目の前にいる相手に心を尽くすこと。それが「一期一会」の教えることです。

周りにいる人たちを大切に思い、流れてくるご縁に感謝をすること。そういう思いで生きることで、私たちは少しだけ孤独から解放されるのです。一人の寂しさから逃れる時間をもつことができるのです。

そして最後には、やはり自分の人生は自分一人で歩くのだという覚悟をもつこと、その心構えが求められます。

もちろんそこには、連れ合いや友といった人生の伴走者《ばんそうしゃ》はいてくれますが、歩くのは自分自身です。自分の足でしっかりと立ち、自分の意思によって歩んでいくこと。それは人間であれば誰にでもできることだと私は思っています。孤独に打ち勝ち、自分の足で人生を歩いていく力。人間にはその力が備わっているのだと思います。孤独になど負けない強さを人間はもっていると私は信じています。

孤独を恐れることなく、自分自身と周りの人たちを大切にしながら、あなたらしい人生を歩んでほしいと願っています。

合　掌

建功寺方丈にて　　枡野俊明

著者紹介
枡野俊明（ますの　しゅんみょう）
曹洞宗徳雄山建功寺住職
庭園デザイナー

1953年神奈川県生まれ。大学卒業後、大本山總持寺で修行。「禅の庭」の創作活動により、国内外から高い評価を得る。芸術選奨文部大臣新人賞を庭園デザイナーとして初受賞。ドイツ連邦共和国功労勲章功労十字小綬章を受章。2006年には『ニューズウィーク』日本版にて、「世界が尊敬する日本人100人」に選出される。庭園デザイナーとしての主な作品に、カナダ大使館庭園、セルリアンタワー東急ホテル日本庭園など。
主な著書に『禅が教えてくれる 美しい人をつくる「所作」の基本』（幻冬舎）、『心配事の9割は起こらない』（三笠書房）、『寂しさや不安を癒す 人生のくすり箱』（KADOKAWA／中経出版）、「定命を生きる よく死ぬための禅作法」（小学館）、『50歳からは、好きに生きられる』『禅が教える 人生の答え』（以上、PHP研究所）などがある。

編集協力　網中裕之

本書は、2020年７月にPHP研究所から刊行された『孤独よ、こんにちは。』を改題したものです。

ＰＨＰ文庫　ひとり時間が、いちばん心地いい

2023年４月17日　第１版第１刷

著　者　枡野俊明
発行者　永田貴之
発行所　株式会社ＰＨＰ研究所
東京本部　〒135-8137 江東区豊洲5-6-52
ビジネス・教養出版部　☎03-3520-9617(編集)
普及部　☎03-3520-9630(販売)
京都本部　〒601-8411 京都市南区西九条北ノ内町11
PHP INTERFACE　https://www.php.co.jp/
組　版　朝日メディアインターナショナル株式会社
印刷所　大日本印刷株式会社
製本所　東京美術紙工協業組合

ISBN978-4-569-90303-3

PHP文庫

手放すほど、豊かになる

枡野俊明 著

あらゆるモノ・コトは、溢れるとかえって不快になる。いったん身の回りのあれこれを手放して、自分を大切に、豊かに生きることを提案。

PHP文庫

比べず、とらわれず、生きる

枡野俊明　著

心配ごとや不安は自分で作っていることに気づいて取り除けられれば、ずっと楽に生きられる。禅語を道しるべに、豊かになる生き方を解説。

PHP文庫

限りなくシンプルに、豊かに暮らす

枡野俊明　著

シンプルに生きるということは、自分にとって大切なものを見極めること。曹洞宗の住職が、清々しく心豊かに暮らす工夫を紹介します。

PHP文庫

50歳からは、好きに生きられる

枡野俊明 著

経験もある50代は少しだけ家族や仕事から解放され、人生の中で最も楽しく輝くとき。自分次第でやり残したこと、夢を叶えられます。

PHP文庫

禅が教える　人生の答え

「幸福の種」はどこにある？

枡野俊明　著

心配や不安、孤独までもが「幸福の種」になる――。考え方、生き方を見つめ直してみよう。あなただけの「答え」を見つけるためにも。